쉬는 기술

| 덜 지치고 더 빨리 회복하기 위한 |

쉬는 기술

니시다 마사키 지음
김슬기 옮김

유노
북스

왜 아무리 쉬어도
피곤할까요?

최근 들어 '디지털 전환(DX, Digital Transformation)'이라는 말을 자주 듣습니다. 디지털 전환은 매우 다양하게 정의되는데, 간단히 말해서 디지털 기술로 일상생활과 비즈니스가 점차 변해 가는 흐름을 의미합니다. 온라인 환경과 스마트폰처럼 우리가 일상적으로 사용하는 IT 기술도 디지털 전환의 한 부분입니다. 이것은 사람들이 일하는 방식은 물론이고 라이프 스타일까지 완전히 변화시키고 있습니다.

디지털 전환과 더불어 코로나19의 영향을 받아 근무 형태가 달라지면서 많은 사람이 이전과는 다른 피로를 느끼는 시대가 됐습니다. 정해진 휴일이 없습니다. 일거리가 생기면 쉬지 못하는 프리랜서는 물론이고 코로나19를 겪으며 재택근무가 늘어난 사람, 귀가 시간은 빨라졌지만 집에서도 일하는 사람, 탄력 근무제 덕분에 야근이 줄었지만 일과 사생활의 균형을 맞추지 못하는 사람이 늘었습니다.

시간의 노예가 되지 않고 온(on)과 오프(off)를 적절히 제어하려면 어떻게 해야 할까요? 각자에게 필요한 형태로 휴식을 취하고 지속 가능하게 일하려면 어떤 식으로 생각하고 무엇을 중시해야 할까요?

다음은 피로감과 컨디션 난조, 정신적 긴장감을 느끼는 상황들입니다. 이런 상황에 제가 자주 경험했던 문제들과 주변 사람에게서 들었던 현실적인 고민들을 정리해 봤습니다.

- 오랜 시간 내리 앉아 있어서 운동이 부족하다.
→ 허리의 통증이 심해지거나 비만이 된다.

- 눈이 피로하다.
→ 눈이 뻑뻑하거나 따끔거린다.

- 주의가 산만해지고 집중력이 떨어진다.
→ 일하는 중에 나도 모르게 스마트폰을 들여다본다. 재택근무를 할 때는 집안일에 정신이 팔린다.

- 일에 끝이 없다.
→ 어디서든 일할 수 있는 대신 집이 하루 종일 일하는 곳이 된다.

그뿐만이 아닙니다. 우리가 알아차리지 못한 피로감과 스트레스가 더 있을 것입니다. 어떻게든 일을 해내고 있으니 자신에게 문제가 없다고 생각할 수 있습니다만, 실제로는 피로와 스트레스가 조용히 숨어 있을지 모릅니다.

피로와 스트레스가 쌓이지 않게 일하려면 다음의 다섯 가지가 매우 중요합니다.

1. 알아차리기 어려운 피로감을 대수롭게 여기지 않기.
2. 변화에 적응하고 내 일에 맞는 속도를 찾기.
3. 일할 때는 내 속도로 일하고 쉴 때는 편안하게 여유를 즐기기.

쉬는 기술

4. 모든 것이 디지털화돼 대인 관계가 변해 가는 과정에서 자신에게 유효하거나 새로운 관계를 의식하기.

5. 스스로 휴가를 계획하고 제어해 지금의 나와 앞으로의 내가 편안해지게 하기.

이 시대에 느끼는 피로감과 스트레스는 개인차가 심하다는 특징이 있습니다. 업무 내용과 일하는 방식에 따라 휴식을 취하는 방법이 서로 다르기에 '현재 내가 일하는 방식은 지금까지와 다를 바가 없으니 상관없다'고 말하는 사람도 있을 수 있습니다. 그러나 수년 후에는 상황이 어떻게 달라질지 모릅니다. 시대의 변화에 영향을 받지 않는 사람은 거의 없습니다. 우리는 그런 시대를 살고 있고 새로운 피로, 불안, 스트레스와 함께 살아갈 수밖에 없습니다.

이 책을 통해 현시대에 피로를 느끼는 원인이 무엇인지 찾고 그것을 해소하고 극복할 수 있는 휴식법이 무엇인지 독자 여러분과 함께 고민해 보려고 합니다. 오늘날을 살아가는 많은 분에게 이 책이 길잡이가 된다면 그보다 더 큰 기쁨은 없을 것입니다.

2장 | 긍정적인 생각이 활력을 채워 줍니다
마음이 쉬는 기술

3장 | 좋은 습관이 좋은 컨디션을 만듭니다
몸이 쉬는 기술

4장 | 삶의 균형을 잡아야 멀리 갑니다
내 삶을 되찾는 기술

전환하는
연습이
회복하는
연습입니다

머리가 쉬는 기술

☕ 당신은 제대로 쉬고 있나요?

- ☐ 휴가 동안 쌓일 메일들을 생각하면 쉬는 도중에도 마음이 무거워진다.

- ☐ 즉시 답장하지 않으면 마음이 불안해져 하던 일을 중단하고 메시지부터 확인한다.

- ☐ SNS에서 불쾌한 일을 겪거나 기분 나쁜 콘텐츠를 접해도 SNS에 관심을 끊기 어렵다.

- ☐ 불쾌한 기분을 단번에 전환할 필승의 방법이 없다.

- ☐ 매일 아침 오늘은 일찍 자겠다고 다짐하지만 매번 휴대폰을 들여다보느라 새벽에 잠든다.

- ☐ 일에 대한 긍정적인 피드백을 받은 지 오래 됐다.

・하나라도 체크했다면 당신에게는 쉬는 기술이 필요합니다.

메일은 휴일을 즐기기 직전에
확인하세요

여러분은 휴일을 포함한 근무 외 시간에 업무 관련 메일을 확인하나요? 재량 노동제로 일하는 대학교 교원인 저는 1년 365일, 깨어 있는 시간에는 거의 메일을 확인합니다. 대학교에서 보낸 알림과 메일링 리스트, 다이렉트 메일을 포함하면 하루 평균 100통은 받습니다. 아마 저보다 더 많이 받는 사람도 있을 것입니다.

주말 중 하루라도 메일을 확인하지 않고 방치하면 어떻게 될까 상상하기만 해도 소름이 돋습니다. 메일이 쌓이는 지옥 같은 상황에서 벗어나기 위해 휴일에도 여행 중에도 메일을 확인하고 필요에 따라 답장을 보내는 분이 많을 것입니다.

"사실 휴일만큼은 메일함을 확인하고 싶지 않아요. 하지만 출근했을 때 쌓여 있을 메일들을 생각하면 마음 편히 쉴 수 없어요."

이런 이야기를 하면 회사원은 물론이고 제 주변의 대학교 사무직원들처럼 메일이 중요 업무인 사람들은 대개 무릎을 탁 칩니다. 메일을 확인하고 싶지 않지만 확인할 수밖에 없는 심리에 동의하는 것이지요.

업무 외 시간에 메일을 확인하는 것은 다른 나라에서도 문제가 되고 있습니다. 프랑스에서는 이미 2017년에 휴일과 근무 외 시간에는 업무와 관련된 연락을 거부할 수 있는 '연결되지 않을 권리'를 인정하는 법률이 발효됐습니다. 휴가 중에는 일 생각을 하지 않고 몸과 마음을 확실히 쉬게 하려는 노력을 기울이라고 의무를 지우는 것에 그치지 않고 확실히 법률로 정할 필요가 있습니다.

연결되지 않을 권리는 외국 기업을 중심으로 퍼지고 있는데 일본에도 이것을 부분적으로 도입한 기업이 있습니다. 미쓰비시 후소 트럭·버스 주식회사는 2014년부터 장기 휴가 중에 메일을 수신 거부하거나 자동 삭제할 수 있는 시스템을 도입했습니다.

그런데 모두가 연결되지 않을 권리를 행사할 수 있다면 어떻게 될까요? 아마 쉬는 날에 연결되지는 않더라도 '내일 아침에 엄청난 양의 메일이 쌓여 있겠지?', '당장 답장을 보내야 하는 메일이 와 있으면 어떡하지?' 하고 휴일 다음 날에 일어날 일들을 생각하며 불안한 마음으로 휴일을 보낼 것입니다.

메일이 쌓이는 공포에서
벗어나기 위한 대책

이처럼 메일을 주고받는 일이 업무에서 큰 부분을 차지하는 사람에게 저는 예전부터 "휴일에는 온과 오프를 확실하게 구분하는 것이 좋으니 메일을 보내지 않아도 됩니다"라고 조언했습니다. 혹은 다른 나라들처럼 주말만큼은 "지금은 회신할 수 없으니 월요일 이후에 연락드리겠습니다"라고 자동 회신되게끔 설정하는 방법도 추천했습니다.

하지만 최근에는 휴일 아침에 메일함을 확인해서 불필요한 메일을 삭제하고 간단하게 회신해 두는 편이 좋은 메일에는 답장을 보내는 것도 나쁘지 않다고 생각합니다. 메일함을 깨끗하게 정리하고 나서 휴일을 즐기는 것이지요. 메일함을 깔끔하게 정리하면 개운한 기분으로 휴일을 보낼 수 있습니다. 또한 작은 달성감도 얻을 수 있고 휴일 다음 날 쌓여 있을 메일에 대한 공포도 사라집니다.

휴일에도 메일이 너무 많이 온다면 인터넷 쇼핑 광고 같은 불필요한 정기 메일은 정리하는 것을 추천합니다. 정크 메일은 뇌에 쓸데없는 부하를 줍니다. 만약 수신을 해제하고 싶지 않다면 메일 자동 분류 기능을 이용해 메일함을 깔끔하게 정리할 수도 있습니다.

그런데 주말에 메일이 지나치게 많이 오는 원인이 어쩌면 여러분에게 있을 수도 있습니다. 중요한 의뢰나 상담거리가 담긴 메일을 금요일 저녁에 보내면 우리에게는 중요한 일일지 모르지만 상대방에게는 폐를 끼칠 수 있습니다.

타이밍을 재지 않고 메일을 보내면 상대방도 비슷한 타이밍에 답장을 보내거나 질문을 하게 됩니다. 급할 때는 어쩔 수 없겠지만 메일의 타이밍도 상대방에게 꽤 강한 인상을 남깁니다. 중요한 상담거리는 꼭 한 주의 초반이나 중반에 보내는 것을 추천합니다.

쉬는 기술

휴일 아침에 메일을 확인하면 오히려 개운한 기분으로 쉴 수 있습니다.

급하게 답장하는 대신
이모티콘만 보내세요

일본에 모바일 메신저 '라인'이 보급되기 시작했을 무렵 '즉시 답장하기'와 '읽씹'이 화제였습니다. '바로 답장하지 않으면 괴롭힘당하거나 미움받는다', '읽씹은 관심이 없다는 신호다' 같은 소통의 오류가 문제로 떠올랐지요.

당시 저는 이것이 젊은 친구들 사이의 이야기일 뿐 저와는 전혀 관계없다고 생각해 큰 관심을 두지 않았습니다. 그런데 이제는 저도 이 문제와 관련이 있습니다. 라인이 아니라 비즈니스 채팅을 시작하고 난 후부터였습니다.

'비즈니스 채팅'이란 비즈니스에서 사용하는 채팅 툴을 말합니다. 조직 내 소통이 주요 목적이지요. 메일보다 가볍게 대화할 수 있고 주제별로 그룹을 만들 수 있다는 이점 때문에 많은 조직이 도입했습니다.

비즈니스 채팅은 종류가 다양한데 제 연구실에서는 전 세계적으로 가장 많이 쓰이는 '슬랙'을 사용합니다. 2013년에 론칭한 이후 전 세계에 급속도로 보급돼 계속해서 이용자가 늘고 있는 커뮤니케이션 툴입니다. 처음에는 엔지니어들이 주로 사용했지만 점차 일반적인 비즈니스에서도 쓰이고 있습니다.

과거에는 슬랙이 얼마나 유용한지 몰랐습니다. 그러나 지금은 연구실 멤버, 대학원생, 졸업을 앞둔 학부생과 소통할 때 슬랙이 없어서는 안 됩니다. 채팅으로 대화를 주고받기 때문에 메일을 주고받을 때보다 대화에 가까운 쌍방향 커뮤니케이션이 가능합니다. 또한 워드나 엑셀 같은 파일을 주고받는 것도 라인보다 편리합니다.

모든 내용을 메일로 주고받다 보면 양이 너무 많아져서 속수무책이 될 것입니다. 요즘 젊은 학생들에게 메일은 사용 빈도가 낮거나 반응이 느려서 어색한 툴이지만 슬랙을 사용할 때는 라인을 쓸 때처럼 반응이 빠르다는 점도 흥미진진한 현상입니다.

답장 빠른 사람이
일도 잘한다는 착각

그러나 이 편리한 슬랙에도 머리 아픈 문제가 있습니다. 서두에서 언급했던 '바로 답장하기'에 대한 문제입니다. 여기서는 슬랙뿐만 아니라 한국의 카카오톡처럼 일본의 국민 채팅 앱으로 자리 잡은 라인을 포함하겠습니다. 이 앱들은 메일처럼 '즉시 답장'이 기본입니다. 저 역시 답장을 가급적 빨리 하려고 하고, 경우에 따라 상대방에게서 답장이 늦어지면 '제대로 확인한 걸까' 하며 불안해질 때가 있습니다.

채팅 앱에서 답장을 빨리 하면 일을 잘하고 의욕이 넘친다는 평가를 받기 쉽습니다. 실제로 답장이 느리면 상대방은 짜증을 내기 쉽지요. 답장의 내용보다 속도를 우선하며 '일 잘하는 사람은 어쨌거나 답장이 빠르다'고 여기는 인식이 여전히 뿌리 깊은 것이 사실입니다.

다만 저는 최근 들어 '즉시 답장하기'의 단점을 자주 통감합니다. 예를 들어 어떤 일을 하던 중 슬랙으로 메시지가 도착하면 나중에 확인해도 되는데 '미뤘다가 잊어버리면 어떡하지' 하는 불안감에 일을 중단하고 답장부터 합니다. 그럼 그때까지 하던 일의 흐름이 끊겨 또다시 처음부터 엔진을 가동해야 하는 경우가 많습니다.

"저는 주로 메일로 소통하니 괜찮겠죠?"라고 말하는 사람도 예외는 아닙니다. 즉시 답장해야 하는 메일이나 빈번하게 받는 메일 때문에 피로를 느낄 수 있으니 주의해야 합니다.

캐나다 브리티시컬럼비아대학교의 연구 그룹에 따르면 멀티태스크의 원인이 되는 메일함 확인을 하루 3번으로 제한했더니 실험 참여자의 긴장감과 스트레스가 완화돼 행복도가 향상했다고 합니다. 그러나 제한 없이 메일함을 확인하게 하자 스트레스가 늘고 생산성과 행복도가 떨어졌습니다.

SNS 혹은 비즈니스 채팅을 하거나 메일을 주고받을 때 즉시 답장하는 데 느끼는 압박감은 정신 건강에 그리 좋지 않은 듯합니다. '즉답 지상주의' 혹은 '즉시 답장을 해야 한다'는 강박은 집중력이 지속되지 않는 원인으로 작용해 결과적으로 능률을 떨어뜨리는 경우가 많습니다.

즉시 답장을 보내는 것은 중요하지만 이에 대한 단점도 있습니다. 그렇다면 어떻게 하는 것이 좋을까요?

앞서 이야기했듯 비즈니스 채팅에서는 신속한 정보 교환이 중요합니다. 즉시 답장하는 것 자체가 목적이 돼 상대가 바라는 정보를 제공하지 못하고 있지는 않은지 상대방의 입장에서 생각해 볼 필요가 있습니다. 비즈니스 채팅을 할 때 바로 답장하려고 하는 이유는 오로지 상대방을 불안하게 하지 않기 위함이지요. 따라서 상대방을 불안하게 하지만 않는다면 바로 답장하는 데 집착하지 않아도 됩니다.

능률을 올리고 오해를 줄이는 비즈니스 소통법

답장의 데드라인을 정하고 이모티콘 보내기

만약 바로 답장하기 어렵다면 '언제까지 연락하겠다'고 전달해 두는 것은 어떨까요? 답장할 여유가 없거나 메시지 내용을 생각하는 데 시간이 필요하다면 무엇이든 좋으니 미소 짓는 이모티콘을 보냅시다.

특히 슬랙을 사용할 때는 리액션 이모티콘을 누르는 것이 중요합니다. 슬랙은 라인과 달리 메시지를 읽기만 해서는 수신자가 읽었는지 읽지 않았는지 상대방에게 전달되지 않습니다. 따라서 슬랙에서는 메시지를 읽은 후 일단 리액션 이모티콘을 누르는 습관을 들이고 확인 여부를 참가 멤버들과 공유할 필요가 있습니다.

소통의 핵심은 나도 불안하지 않고
상대방도 불안하지 않게 하는 것입니다.
답장할 여유가 없다면 먼저 이모티콘을 보내 둡시다.

핀 고정 기능 사용하기

바로 답장하지 않으면 나중에 잊어버릴 것 같다는 불안감 역시 즉시 답장하는 것에 집착하게 되는 동기 중 하나입니다. 특히 슬랙에서는 신규 메시지가 올 때마다 오래된 메시지가 점점 밀리기 때문에 나중에 필요한 정보를 찾기가 힘듭니다. 답장해야 한다는 사실을 필연적으로 잊어버리지요.

그래서 저는 '핀 고정' 기능을 사용합니다. 메시지를 고정해 두면 메시지의 배경색이 바뀌어 아직 답장하지 않은 메시지를 곧바로 찾을 수 있습니다. 바로 답장하기 어려운 메시지는 핀으로 고정해 봅시다.

답하기 쉽게 메시지 보내기

여유가 생긴다면 상대방이 답장하기 쉽게끔 메시지를 보내고 싶을 것입니다. 예를 들어 "A에 대해 어떻게 생각하나요?" 같이 '네', '아니오'로 답할 수 없는 열린 질문은 상대방에게 부담을 줍니다.

"A로 괜찮을까요?"
"A 혹은 B 어느 쪽이 좋을까요?"

이와 같이 상대가 곧바로 답하기 쉽게 메시지를 보내 봅시다.

긍정적인 감정 전달하기

하지만 상대방이 늘 곧바로 답할 수 있으리라는 보장은 없습니다. 답장이 늦거나 리액션 이모티콘도 오지 않아서 상대가 읽었는지 안 읽었는지 알 수 없을지도 모릅니다. 혹은 확인을 하려는 것인지 질문을 하려는 것인지 의도를 알 수 없을 수도 있습니다. 그러다 보니 나도 모르게 짜증을 담아 메시지를 보내고 싶어질 때도 있겠지요.

채팅도 온라인에서의 소통입니다. 내가 의도하지 않았더라도 상대방이 무뚝뚝함이나 짜증, 화 따위의 부정적인 인상을 받을 수도 있습니다. "고마워요", "덕분에 큰 도움을 받았어요" 같은 식으로 호의를 표하거나 느낌표, 이모티콘 등을 사용해 긍정적인 감정을 전달해 봅시다. 물론 이모티콘을 너무 많이 보내는 것은 자제하는 편이 좋습니다.

중요한 내용은 전화로 전달하기

마지막으로 비즈니스 채팅을 통한 텍스트 소통에도 한계가 있다는 점을 잊지 말아야 합니다. 중요한 이야기는 전화로 말하거나 직접 대면해서 전달해야 공감을 이끌어 내기 쉽고 더 좋은 결과를 얻을 수 있습니다. 급할 때는 일일이 채팅방을 열고 초조해하며 상대의 답장을 기다리기보다 전화를 한 통 거는 편이 빠르고 확실합니다.

비즈니스 채팅에 너무 의존하지 않는 것도 즉시 답장하는 일에 대한 강박에서 벗어날 수 있는 마음가짐 중 하나입니다.

쉬는 기술

즉시 답장해야 한다는 강박에서 벗어나기만 해도 스트레스가 완화되고 행복도가 올라갑니다. 우선은 이모티콘을 보내서 나의 불안감뿐만 아니라 상대방의 불안감도 완화합시다.

보기 싫은 계정은
과감하게 뮤트하세요

요즘은 여러 가지 SNS를 용도에 따라 구분해서 사용하는 사람이 많습니다. 일본에서 많이 사용하는 SNS는 트위터, 페이스북, 라인, 인스타그램 정도입니다. 각각의 SNS에서는 사용자의 연령층과 사용 목적에 따라 서로 다른 특징이 나타납니다.

SNS와 정신 건강의 관계는 빠르게 연구되고 있는 주제입니다. 국가마다 사용하는 SNS의 툴이 다르고 SNS에는 국민성도 꽤 반영되지만 일본에서 진행된 연구를 참고해 보겠습니다. 도쿄 건강장수의료센터의 사쿠라이 료타 연구 팀의 논문은 참고하기에 안성맞춤입니다.

그들의 연구 결과에 따르면 라인 이용자는 정신 건강이 양호했고 트위터 이용자는 그렇지 못했습니다. 또한 도쿄 도민 2만 1,300명을 대상으로 한 설문 조사 결과에 따르면 젊은 층은 SNS를 이용하기 위해 디지털 기기를 소지하는 비율이 거의 100퍼센트였습니다. 고령자는 62.3퍼센트가 SNS를 사용한다고 했으며 거의 모든 세대에서 라인을 가장 많이 사용했습니다.

무엇이 각 세대가 느끼는 주관적 행복도와 관련이 있는지 결과를 정리하면, 젊은 층은 인스타그램의 피드를 열람하는 것, 중년층은 페이스북에 게시글을 업로드하는 것, 고령층은 라인으로 채팅하는 것과 관련이 있었습니다. 연대에 맞게 SNS를 활발하게 이용하는 것은 정신 건강에 바람직하다는 결론입니다. 라인처럼 가족 혹은 친구와 연락을 취할 수 있는 SNS는 대인 관계에 문제가 없는 한 현대에서 빼놓을 수 없는 커뮤니케이션 툴이라는 사실 또한 이 연구를 통해 밝혀졌습니다.

반면 중독될 정도로 정신 건강에 나쁜 것은 트위터였습니다. 행복감 혹은 우울감이 트위터를 빈번하게 사용하는 일과 관련이 있었습니다. 특히 중년층과 고령층에 한해 트위터의 사용 빈도와 고독감 사이에 밀접한 관련이 있었습니다. 타인을 비방하고 중상하는 글만 올리는 트위터의 익명 계정들을 보면 저절로 고개가 끄덕여집니다.

익명으로 활동하고 서로 많은 메시지를 주고받는 트위터에서 공격성이 높은 비방과 중상은 큰 문제입니다. 유명인이 트위터에서 도를 넘는 인신공격에 시달리다가 견디지 못해 정신적 피해를 입거나 자살로 내몰리는 경우가 생기는 것은 정말이지 가슴 아픈 일이며 절대 간과해서는 안 되는 위험입니다.

스트레스 호르몬으로부터
나를 보호하기

트위터의 위험성을 인지해도 우리는 트위터를 귀중한 정보원으로써 매일 몇 번씩 확인합니다. 실제로 트위터에서 악플이 쇄도해 우울증과 불면증에 걸린 사람을 상담한 경험이 있습니다. 그들은 '쉽게 그만둘 수 없다', '계정을 삭제할 수 없다'고 말합니다. 저 역시 그만두지 못한다는 사실을 돌이켜 보며 트위터의 의존성과 중독성이 강하다는 점을 새삼 깨닫습니다.

트위터를 비롯한 SNS를 사용할 때 공격적인 계정은 뮤트하는 것이 가장 좋습니다. 차단하면 오히려 상대방이 온갖 방법을 동원해 점점 더 심하게 공격할 가능성이 있기 때문입니다.

또한 무언가를 업로드할 때는 그것을 접하는 사람이 어떤 반응을 보일지 상상해 볼 필요가 있습니다. 화를 못 이겨 반사적으로 반응하거나 술김에 글을 쓰는 것은 위험합니다. 간혹 관심을 받기 위해 고의로 악플을 다는 사람도 있는데 이에 대한 결과는 모두 본인이 책임져야 합니다.

동물 영상을 모아 놓은 계정처럼 마음을 온화하게 하는 계정들을 중간 중간 끼워 넣어서 자신의 타임라인을 관리하는 것이 현명합니다.

일본인을 대상으로 한 조사에서 인스타그램과 페이스북은 일반적으로 정신 건강에 좋다는 결과가 나왔습니다. SNS가 주변 사람과의 실제적인 커뮤니케이션을 보완하는 역할을 한다면 문제 없습니다. 하지만 종종 고급 호텔이나 레스토랑의 사진을 업로드하고 새 옷을 샀다거나 아이가 명문 학교에 합격했다는 글을 올리는 경우가 있습니다. 이것은 본인이 의도하지 않았을지라도 무의식중에 자신이 우위에 있음을 드러내는 행동일 가능성이 있습니다.

그것을 접하는 사람들도 '이 사람 너무 부럽다', '나한테는 택도 없는 일이야'라고 생각하며 질투하고 부러워한다면 정신 건강에 결코 좋지 않을 것입니다. 다른 사람과 비교하는 일, 즉 '사회 비교'는 인간 사회에서 완전히 피할 수 없는 일이지만, 한쪽으로 지나치게 치우친 사회 비교는 스스로를 괴로워지게 할 뿐입니다.

SNS가 보급되기 전에는 다른 사람과 비교를 한다고 해도 반 친구나 직장 동료, 주변 학부모까지 해서 고작해야 수십 명 정도였습니다. 하지만 SNS에는 수십만 명의 사람이 있습니다. 많은 사람에게 '좋아요'를 받으려고 하거나 늘 좋은 모습만 보여 주려고 하다 보면 정신적으로 피폐해지는 것도 당연합니다.

호주의 퀸즐랜드대학교에서 발표한 논문에 따르면 페이스북을 5일간 쉬면 스트레스 호르몬인 코르티솔의 활동 수준이 저하된다고 합니다. 만약 페이스북과 인스타그램 때문에 다른 사람을 질투하거나 부러워하고 있다면, 현실을 충실하게 살고 싶은 욕구가 강하다면, 계정이 표시되지 않도록 해 봅시다.

물론 타임라인을 정리하면 내가 보고 싶은 정보만 나와서

기존의 가치관과 편견이 더 강화될 위험이 있습니다. 그러나 객관적인 비판과 인격 부정, 폭언은 질이 다릅니다. 마음을 다치게 하는 계정은 뮤트합시다. 앞으로의 시대를 살아가려면 마음을 정돈하기 위해 의식적으로 SNS 타임라인을 정리하는 것이 중요합니다.

쉬는 기술

비교하는 습관은 정신 건강에 나쁜 영향을 미칩니다. 이런 습관 때문에 마음이 괴롭다면 SNS로부터 거리를 두며 쉽시다.

충분히 대화할수록
충분히 수면할 수 있습니다

혼히 빛, 운동, 식사 이 세 가지가 몸과 마음의 리듬을 조절한다고 합니다. 하지만 제가 생각하기에 이보다 더 중요한 네 번째 요인이 있습니다. 바로 타인과의 커뮤니케이션입니다. 가능하다면 SNS나 온라인상에서가 아니라 실제로 만나서 나누는 커뮤니케이션이 더 좋습니다.

다른 사람과의 커뮤니케이션은 약이 되기도 하지만 녹이 되기도 합니다. 성격이 맞지 않는 사람과 어울리면 스트레스가 쌓이지요. 인간관계에 지쳤을 때 껄끄러운 사람, 문젯거리와 거리를 두면 마음의 안정을 취하는 데 도움이 됩니다. 하지만 그렇다고 사람을 전혀 만나지 않고 며칠 혹은 몇 달씩 누구와 도 대화를 나누지 않으면 마음과 몸의 건강에 굉장히 나쁜 영향을 미치는 고독한 상황을 맞닥뜨리게 됩니다.

2020년 코로나19로 인해 최초로 긴급 사태 선언이 내려졌을 때를 떠올려 볼까요? 가족 외 사람과는 대화를 거의 나누지 않았을 것입니다. 혼자 사는 사람 중에는 며칠은커녕 몇 주 동안 다른 사람과 전혀 말을 하지 않았다는 사람도 있었습니다.

사람들과 잘 어울리지 못하고 커뮤니케이션에 어려움을 느끼는 사람 가운데 사회적 거리 두기 덕분에 오히려 마음이 편해지고 스트레스도 줄었다고 말하는 사람들이 있습니다. 그러나 몇 달은 몰라도 몇 년씩 다른 사람과 말하지 않으면 건강하게 사회생활을 할 수 없을 것입니다.

요즘 같은 시대에 마음을 쉬게 하는 일이 중요하다는 점에 대해서는 더 말할 것도 없습니다만, 커뮤니케이션을 오랫동안 쉬면 몸과 마음의 리듬이 망가집니다. 고독이란 인간관계를 쉬고 있는 상태라기보다는 마음에 구멍을 내고 있는 상태에 더 가깝습니다. 인간관계로 인해 스트레스가 심한 경우는 별개의 문제지만 가능하다면 매일 누군가와 이야기할 수 있는 환경을 만드는 것이 가장 중요합니다.

쉬는 기술

또한 낮에 사람들과 소통하면 밤에 스마트폰 사용량이 줄어드는 효과가 있다는 연구 결과도 있습니다. 커뮤니케이션과 스마트폰 사이에는 어떤 관계가 있을까요?

해소되지 않은 욕구가
잘못된 습관을 만듭니다

인간에게는 자기 전마다 자신도 모르게 하는 입면 의식이 있습니다. 자기 전에 책을 읽는 것이 가장 대표적인 입면 의식이지요.

자기 전 자기도 모르게 하는 행동에는 '취침 미루기(Bedtime procrastination)'라는 전문 용어가 붙어 있습니다. 많은 현대인의 입면 의식은 두말할 것 없이 스마트폰을 만지는 일일 것입니다. 여기서 문제는 밤에 스마트폰에 빠져서 잠을 잘 못 자는 것입니다.

네덜란드 위트레흐트대학교의 한 연구 그룹은 평균 연령이 35세(18~75세)인 성인 218명을 대상으로 낮 동안의 행동, 스트레스 지수, 밤에 스마트폰을 사용하는 시간 사이의 관계를 조사했습니다. 그 결과 낮에 하고 싶은 것을 참는 횟수가 많을 수록 밤에 스마트폰을 사용하는 시간이 증가한다는 결과가 나왔습니다.

낮 시간의 욕구는 사람마다 제각각입니다. 그러나 다른 사람을 만나고 싶어 하는 욕구는 인간의 근원적인 욕구입니다. 사람과의 접촉, 즉 커뮤니케이션 욕구를 충족할 수 없는 환경이 불안 수준을 높여서 불면증을 유발하고 나아가 스마트폰으로 이것저것 정보를 검색하게 만드는 것이 아닐까요?

혼자 일하거나 재택근무가 잦은 직장에서 일한다면 정신 건강을 위해서라도 다른 사람과의 커뮤니케이션을 유지하는 일이 굉장히 중요합니다. 100퍼센트 재택근무가 가능한 환경이라고 해도 출근일을 정해 두는 편이 좋습니다.

출근을 하거나 사람들과 직접적으로 대화하기 어려운 상황이라면 SNS나 채팅으로 대화를 주고받는 것도 좋습니다. 하루 종일 고독하게 작업하는 것보다 훨씬 좋은 효과를 볼 수 있습니다. 꼭 일 이야기가 아니더라도 '요즘 어때?' 같은 가벼운 잡담을 나누는 일은 고독이라는 위협으로부터 우리를 지켜 줍니다.

낮 시간에 커뮤니케이션이 부족하면 밤에 입면 의식으로 스

쉬는 기술

더 많이 대면하고, 더 많이 대화하고, 더 많이 접촉하세요.
자기 전에 휴대폰을 보는 안 좋은 습관을 고칠 수 있습니다.

마트폰을 사용할 가능성이 높아집니다. 특별한 용건이 없어도 낮에 사람들과 대화를 주고받아 보세요. 이 작은 행동이 밤 시간의 스마트폰 사용량을 줄여 주고, 스마트폰을 보다가 스르르 잠들 수 있게 하는 등 정신의 안정을 일으키며, 나아가 수면 리듬과 생활 리듬을 개선하고 몸과 마음에 좋은 순환을 불러옵니다.

쉬는 기술

'커뮤니케이션 휴식'이 계속되면 불안 레벨이 높아지고 몸과 마음의 리듬이 흐트러집니다. 낮 시간에 의식적으로 다른 사람과 소통하는 것을 추천합니다.

하루의 끝에는
자기 자신을 칭찬하세요

일을 마친 뒤 마음이 느긋해지려면 자기 효능감을 갖고 '온'의 시간을 보내고 스스로 온과 오프를 제어하는 것이 중요합니다. '자기 효능감'이란 스탠퍼드대학교의 심리학 교수 앨버트 반두라가 제창한 개념으로, 쉽게 말해 '나는 할 수 있다', '나라면 할 수 있다'고 생각하는 것입니다. 가능하다면 누구나 자기 효능감을 높이고 싶을 것입니다. 그래서 여기서는 반두라가 말하는 자기 효능감을 높이는 방법을 소개합니다.

• **직접적인 달성 경험**: 자기 자신의 성공을 체험하기.

- 대리 경험(모델링): 타인의 성공을 대리 체험하거나 그와 비슷한 체험하기.
- 언어적 설득: 다른 사람에게 칭찬을 받거나 스스로에게 긍정적인 말 하기.
- 생리적·정서적 환기: 컨디션을 조절하고 기분을 차분하게 하기.

모두 생활이나 업무 중에 할 수 있는 체험입니다. 그러나 재택근무를 할 때는 동료나 상사, 고객 등을 실제로 관찰할 수 없기에 '대리 경험'은 어려울 것입니다. 격려나 긍정적인 평가의 '언어적 설득'은 재택근무를 할 때 아예 불가능하지는 않지만 말뿐만 아니라 표정, 제스처 같은 비언어적 요소가 다소 부족해지기 쉽습니다. 즉 젊은 신입 사원과 고독에 취약한 사람에게 재택근무는 자기 효능감을 약화시키는 환경인 셈이지요.

혼자 있을 때
자기 효능감을 높이는 법

따라서 주로 재택근무를 하는 사람들에게 자기 효능감을 높이기 위한 노력은 꼭 필요합니다. 대리 경험은 어렵겠지만 '오늘은 서류를 하나 제출했다', '발표 자료를 5쪽 내로 만들었다' 같은 성과를 내는 것은 가능합니다. 정도가 작더라도 말이지요. 제대로 해낸 일, 잘 진행한 일을 확인하는 것은 자기 효능감을 높이는 '직접적 달성 경험'입니다.

또한 재택근무를 하는 경우라면 '언어적 설득'을 위해 스스로를 격려하거나 칭찬하거나 가족에게 부탁해서 칭찬을 받아내야 합니다. 그러나 이는 꽤 부자연스럽게 느껴집니다. 그렇다면 한 가지 일을 끝낼 때마다 등허리를 곧게 펴고 '아, 잘 해냈다', '내가 했지만 애썼다'라고 소리 내어 말해 보세요. 이는 자기 효능감을 높이는 행동 양식입니다. 혼잣말에는 펜도 필요 없습니다.

잊어서는 안 될 것은 '생리적·정서적 환기'란 수면이나 생활 리듬을 정돈하는 일과 거의 똑같다는 점입니다. 이 책의 여러 곳에서 수면의 중요성에 대해 다루겠지만 수면은 자기 효능감을 높이기 위해서도 중요하다는 점을 잊어서는 안 됩니다.

마음의 밝은 면을 규명해서 북돋우려는 심리학의 한 분야인 긍정 심리학 연구에 따르면 하루 중 좋았던 일을 세 가지 적어 보는 습관을 일주일간 지속하면 행복도가 높아진다고 합니다.

이를 '행복 훈련(Happy exercise)'이라고 합니다. 저는 이것을 잠들기 전에 하는 것이 가장 좋다고 생각합니다.

쉬기 전 혹은 하루 일과를 마친 후에 "오늘은 (어떤 일을) 끝냈다", "이렇게나 열심히 했다"라고 소리를 내서 말해 봅시다. 가족들이 냉담하게 바라볼지 모르지만 재택근무를 할 때처럼 다른 사람에게 칭찬받기 어려울 때는 이처럼 스스로를 칭찬하는 말들이 자기 효능감을 높여 줍니다. 그뿐만 아니라 온과 오프를 구분 짓는 중요한 의식이 될 수 있지 않을까요?

자기 효능감을 충분히 느끼면서 온의 시간을 보내고 스스로 결정한 휴일에 확실하게 기분을 전환하고 즐기는 것. 이러한 형태로 온과 오프를 제어해야 좋은 휴식을 취할 수 있고 좋은 인생을 만들어 나갈 수 있습니다.

쉬는 기술

열심히 한 일을 스스로 소리 내서 칭찬하는 행동과 끝까지 해낸 일을 노트에 적어서 완료 표시를 하는 행동도 온에서 오프로 전환하는 좋은 스위치가 됩니다.

스트레스를 없애는
황금 조합이 있습니다

최근 직장 내 괴롭힘으로 사건 사고가 늘고 있습니다. 실제로 기업과 의료 기관뿐 아니라 개인적으로도 직장 내 괴롭힘에 관한 상담 문의가 많고 저 역시 피해자들을 직접 상담한 경험이 있습니다.

괴롭힘, 성추행 등 사례가 다양했는데 그중 가장 대표적인 유형은 상사기 적정 범위를 넘는 업무를 부여하거나 인격을 부정하는 발언으로 정신적·신체적 고통을 주는 것이었습니다.

직장 내 괴롭힘으로 인한 스트레스에 대응하는 방법이 있습니다. 이 효과적인 스트레스 대처 노하우는 다른 경우에서도 도움이 될 것입니다.

스트레스에 대한 접근법은 세 가지로 나뉩니다.

- **문제 해결형 접근.**
- **충동적 감정 초점형 접근.**
- **기분 전환형 접근.**

이 세 가지 접근법을 종합적으로 의식하는 것이 중요합니다. 이 중 하나 혹은 두 개만으로는 스트레스에 대응하는 데 충분하지 않습니다.

세 가지 접근법을
조합하는 방법

'문제 해결형 접근'이란 문자 그대로 문제 그 자체에 적용하는 방법입니다. 직장 내 괴롭힘에 시달리고 있다면 자신을 괴롭히는 사람과 거리를 두고, 이동을 요청하고, 상담 창구에 상담하고, 해당 발언을 녹음해서 증거를 수집합시다. 타인에게 도움을 구하는 것 역시 문제를 해결하기 위해 꼭 필요한 접근법입니다. 직장 내 괴롭힘에 관한 문제뿐만 아니라 많은 경우에 문제 해결형 접근법이 효과적입니다.

그러나 문제 해결형 접근으로는 절대 해결할 수 없는 경우도 있습니다. '회사를 개혁하고 싶다'는 생각처럼 거의 불가능에 가까운 장대한 계획은 오히려 자기 효능감을 떨어뜨립니다.

그래서 문제 해결형 접근과는 별개로 '충동적 감정 초점형 접근'처럼 자신의 감정에 초점을 맞추는 방법이 필요합니다. 감정을 쌓아 두지 않고 누군가에게 말하거나 푸념하는 것입니다. 상담사에게 털어놓거나 온라인을 통해 인지 행동 요법(부정적인 인식을 극복할 수 있도록 인지를 재구성하고 대처 행동을 훈련하는 것)을 활용하는 것도 이 접근법에 해당합니다.

이 두 가지 방법에 비해 '기분 전환형 접근'은 효과가 다소 약해 보입니다. 취미 활동이나 외출, 운동을 한다고 해서 나를 괴롭히는 상사가 사라지지는 않으니까요. 당장 문제가 해결되지도 않고 정서가 안정되지도 않을 수 있습니다.

그러나 기분 전환형 접근은 진부하지만 중요한 스트레스 관리법 중 하나입니다. 운동이나 외출이 건강한 정신을 얼마만큼 지지해 주는지는 연구 논문을 근거로 제시하지 않아도 충분히 납득할 수 있을 것입니다. 앞이 보이지 않는 일 때문에

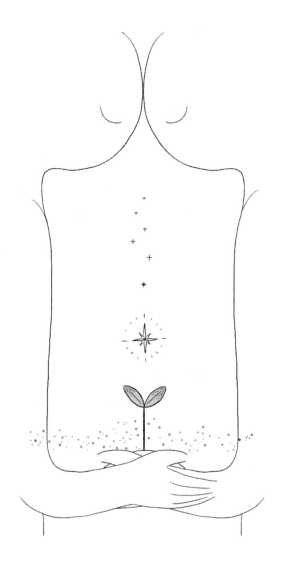

스트레스에 대처하려면 내 감정에 초점을 맞춰야 합니다.
감정을 쌓아 두지 말고 누군가에게 말해 보세요.

스트레스를 받기 쉬운 상황에서도 지속 가능한 기분 전환은 정말 중요합니다.

마지막으로, 반복해서 이야기했듯이 수면과 생활 리듬을 가능한 한 흐트러뜨리지 않는 것 역시 중요한 스트레스 대책입니다. 수면이 부족하거나 생활 리듬이 흐트러지면 뇌의 인지 기능이 저하되고 정서가 불안정해집니다. 문제를 해결해야 하는 뇌에 여유가 사라지겠지요. 특히 문제 해결형 접근을 통해서만 해결할 수 있는 문제를 마주하려면 꼭 자신의 컨디션을 유지하기 위한 수면, 운동, 커뮤니케이션이 기초로 다져져 있는지 확인해 둡시다.

쉬는 기술

지속 가능한 기분 전환 방법을 조합하면 스트레스 관리가 훨씬 편해집니다.

나만의 유원지를
만드세요

여행은 의식주처럼 우리에게 없으면 안 되는 것은 아닙니다. 하지만 대부분의 사람이 코로나19를 겪으며 여행의 고마움을 통감했을 것입니다.

한편 사회적 거리 두기 기간에 이동이나 외출의 자유가 제한되면서 새로운 취미에 도전하게 된 사람도 많았을 것입니다. 스포츠 선수나 연예인 중에는 이 기간에 악기를 배우기 시작하거나 오랜만에 독서에 빠진 사람들도 종종 있었습니다.

즐거움과 기분 전환은 건강, 돈과는 달리 꼭 필요한 것이 아니라고 생각하기 쉽습니다. 하지만 몸과 마음의 건강을 위해 이것들은 꼭 필요합니다.

우리의 미래는 불투명합니다. 사회 정세가 앞으로 어떻게 될지 그 누구도 알지 못합니다. 그렇기에 일이나 건강, 무엇보다 나이가 들어서도 지속 가능한 즐거움과 기분 전환은 사실 매우 중요합니다.

잠시 생각해 봅시다. 여러분에게 즐거움을 주는 것은 무엇인가요? 만약 아무것도 떠오르지 않는다면 주의가 필요합니다.

'즐거움'이라는 감정을 잃었거나 발견할 기력이 없다면 우울증의 신호일 수 있습니다. 이러한 상태가 더 진행되면 'anhedonia'라는 증상으로 발전하게 되지요. '쾌감 상실', '무쾌감증'이라고 번역되는 증상입니다. 19세기 말에 토마스 크로우스톤이라는 영국 의사는 무쾌감증이 우울병이 발생하기 전에 가장 빈번하게 나타나는 증상이라고 기록했습니다. 또한 그는 행복감과 즐거움의 상실, 기쁨의 결여 등을 '감정 마비'라고도 불렀습니다.

즐거움과 기분 전환을 대수롭지 않게 여겨서 기쁨을 느끼지 못하는 상태가 되지 않도록 지속적으로 즐길 만한 일을 찾아봅시다.

팬데믹 이후에도
필요한 능력

코로나19로 인한 사회적 거리 두기 생활이 퇴직 후에 어떤 생활을 보내게 될지 미리 내다볼 수 있는 좋은 시뮬레이션 기회가 됐다고 말하는 사람도 있습니다. 올해 정년을 맞이하는 제 동료 중 하나도 '정년퇴직 후에는 이렇게 생활할 것 같다'고 말했습니다. 이렇게 생각하면 즐거움과 기분 전환이 없다면 활기, 즉 기운도 없어지지 않을까 하는 무서운 예감이 듭니다.

특별한 취미가 없거나 어릴 때처럼 즐거움을 찾아 나설 의욕이 없다면 마음이 편안해지는 것부터 시작해 보면 어떨까요? 즐겁고 기분이 활짝 피는 정도까지는 아니더라도요.

꼭 무언가 행동해야 하는 것은 아닙니다. 그저 마음이 편안해질 때 의식적으로 평온한 시간을 보내는 것만으로 좋습니다. '취미', '기분 전환'이라고 하면 왠지 무언가를 연습해야 하거나, 어딘가 멀리 놀러가야 하거나, 옷을 갈아입고 움직여야 할 것 같은 심리적 장벽이 생깁니다. 오히려 겁쟁이가 되기 쉽습니다.

산책, 독서, 성지 순례, 고양이와 함께 소파에서 시간 보내기, 언젠가 떠날 해외여행을 대비한 외국어 연습. 무엇이든 상관없습니다. 지속 가능한 자신만의 즐거움 혹은 평온함을 적극적으로 발견해 나가는 능력은 팬데믹 이후에도 필요합니다.

마지막으로 아이들 놀이의 상징인 유원지를 예로 들어 보겠습니다. 그리스인 번역가 아나스타샤 아라이 카챤토니의 아버지는 어렸을 적 "유원지에 가는 것이 아니라 나만의 유원지를 만들어야 한다"라고 말했다고 합니다. 나만을 위해 즐거움을 만드는 일이 얼마나 중요한지 이해시켜 주는 좋은 예라고 생각합니다.

타인이 보기에 시시한 것이라도 좋습니다. 즐거움, 기분 전환, 평온함을 경험할 수 있는 나만의 자그마한 유원지는 어떤 모습일지 상상하고 만들어 봅시다.

쉬는 기술

새로운 것을 시작하기 겁난다면 다음 휴식 때는 과거에 즐겼던 일을 다시 해 보는 것은 어떨까요?

뇌의 피로를 깨끗이
씻어 내는 방법

일의 세세한 부분을 비롯해 모든 것이 내 판단에 달린 상황에서는 '이것도 해야 해, 저것도 해야 해' 하며 우선순위를 잡지 못할 때가 있습니다. 여유를 잃어 조급해지기 쉽지요.

이런 상황에서는 한 번에 여러 가지 일을 하지 않는 것이 현명합니다. 하지만 현실적으로 그렇지 못할 때가 많습니다. 시간에 쫓겨 집중력이 더 떨어지고 작업에 찌들어 버리는 사람도 적지 않을 것입니다.

이러한 피로는 몸의 피로보다는 뇌의 피로에 해당합니다. 뇌의 피로를 푸는 간단한 방법 다섯 가지를 소개하겠습니다.

- 스마트폰을 서랍이나 가방에 넣어 두기.
- 2분에서 3분간 눈 감고 있기.

- 5미터 정도 떨어져 있는 사물 바라보기(꽃이나 나무가 가장 적합하다).
- 의자에서 일어나 틈틈이 걷기.
- 책상이나 테이블을 3분 동안 빠르게 정리하기.

 너무 간단해서 맥이 빠진 분도 있겠습니다. 그러나 이 정도로 간단하지 않으면 일상에 녹아들어 습관이 될 수 없습니다.

 스마트폰을 멀리 두면 멀티태스크를 줄일 수 있습니다. 눈을 감고 모든 시각 정보를 차단하면 뇌의 피로를 달랠 수 있습니다. 멀리 떨어진 사물을 보는 것은 눈 피로를 푸는 데 효과적일 뿐 아니라 뇌에도 좋은 영향을 미칩니다. 때때로 책상 앞을 벗어나 걷는 일의 유용함에 대해서는 이 책의 이곳저곳에서 언급할 것입니다. 빠르게 책상을 정리하는 일의 효과에 대해서도 설명할 예정이니 꼭 실천해 보세요.

2장

긍정적인
생각이
활력을
채워 줍니다

마음이 쉬는 기술

☕ 당신은 제대로 쉬고 있나요?

- ☐ 사회생활에 지쳐서 한번 쉴 때는 아주 오랫동안 사람을 만나지 않는다.

- ☐ 쉬는 날에는 하루 종일 누워만 있는다.

- ☐ 자는 시간을 빼면 퇴근할 때부터 다음 날 출근할 때까지 쉬는 시간이 얼마 없다.

- ☐ 불쾌했던 일이 불쑥불쑥 떠올라 부정적인 감정에 휘말릴 때가 있다.

- ☐ SNS에 사진이나 글을 업로드했을 때 '좋아요' 반응이 적으면 스트레스를 받는다.

- ☐ 온라인으로 화상 회의를 앞두면 괜히 겉모습에 더 신경 쓰게 된다.

- ☐ 남을 조롱할 때 스트레스가 풀리거나 나를 깎아내리며 남을 웃길 때 뿌듯하다.

• 하나라도 체크했다면 당신에게는 쉬는 기술이 필요합니다.

꼭 주기적으로
사람을 만나세요

코로나19가 갓 창궐했을 때에 비해 대학에서의 대면 수업이 꽤 늘었습니다. 하지만 코로나 바이러스가 유행하기 전처럼 온라인 강의가 완전히 사라지고 100퍼센트 대면 수업만 진행하는 날이 올 것 같지는 않습니다.

온라인 강의는 수업을 듣는 시간과 장소를 유연하게 선택할 수 있다는 이점이 있지요. 방과 후 특별 활동 때문에 멀리까지 가야 하는 학생이나 개인적인 사정으로 학교에서 먼 본가에 있는 학생이라면 누구보다 온라인 수업을 바랄 것입니다.

대면 수업과 온라인 수업 중 어느 쪽을 선호하냐고 묻는다면 분명 사람마다 취향이 갈릴 것입니다. 그런데 최근 수년간 귀찮다는 이유로 직접 대면을 꺼렸던 사람 중에서도 막상 실제로 사람들을 만나면 꽤 즐겁게 시간을 보냈던 경험이 있을 것입니다.

집에 틀어박혀 있기를 좋아하는 저는 사람을 대면하는 일을 그다지 좋아하지 않습니다. 사람을 직접 만나면 아무래도 긴장하게 되기 때문입니다. 굳이 따지자면 집에서 일하고 싶어 하는 타입이지요. 그래서 아침에 일어나 대학교로 출근할 때면 늘 겁이 납니다.

하지만 저 역시 막상 캠퍼스에 들어서서 학생들이나 동료 교직원과 이야기를 나누면 즐겁습니다. 언젠가 코로나19 때문에 줄곧 회식을 하지 못하다가 간만에 모인 자리에서 오랜만에 과음한 바람에 다음 날 크게 고생했던 적도 있습니다.

아침에 눈을 뜨면 '힘들게 지하철을 타고 출근하고 싶지 않다', '역시 재택근무가 좋다'는 생각이 들 것입니다. 당연합니다. 익숙해지면 사실 재택근무가 훨씬 편합니다. 회사에 출근하는 일이 바보 같은 짓이라고 생각하게 되는 것도 충분히 이해합니다. 그러나 자신에게 맞는 빈도로 사람을 만날 기회를 만들어야 생활의 만족도가 높아지고 정신 건강이 안정됩니다.

마음 근육을 단련시키는
건강한 자극

온라인이나 오프라인에서 사람들과 소통하면 물론 피로를 느낄 수 있겠지요. 하지만 동시에 자극과 힘을 받을 수 있지 않을까요? 대인 관계에서 대면은 강한 상호 작용을 낳습니다.

사람을 대면하는 일은 고통스러울 뿐이라고 말하는 내향적인 사람이 당연히 있을 수 있고 반대로 온라인으로 소통하기보다는 무슨 일이 있어도 직접 얼굴을 마주하고 싶어 하는 외향적인 사람도 있습니다. 대면에 대한 니즈가 다양하고 그에 대한 내성에 개인차가 크다는 점을 알아 둬야 합니다. 그러나 대다수의 사람은 어떤 형태로든 대면을 필요로 합니다. 의료나 교육처럼 다른 사람과의 관계가 중요한 분야는 대면 없이 기능하지 않습니다.

앞에서도 다뤘듯이 원격 근무는 정신적 피로가 적기 때문에 편합니다. 오래 지속해도 힘들지 않아서 사무실에 출근하는 것이 바보 같다는 생각이 들지도 모릅니다. 대면 기회가 결여된 생활은 스트레스로부터 자유롭습니다.

그러나 한편으로 스스로 알아채지 못한 사이에 정신 건강에 악영향을 미치는 무언가가 자라나고 있을지 모른다는 기분이

들 것입니다. 걷지 않으면 체력이 점점 쇠하듯이 최소한의 대면 기회마저 사라지면 마음의 에너지가 약해진다는 사실을 느낄 수 있습니다.

과중 노동과 직장 내 괴롭힘은 알아채기 쉽지만 통증이나 고통이 수반되지 않는 문제들은 대수롭지 않게 여기고 넘겨버리기 쉽습니다. 원격 근무 중심의 생활은 운동 부족 같은 폐해를 낳을 뿐만 아니라 스스로 깨닫지 못한 사이 마음의 건강을 놔 버리게 할 수 있습니다.

늘 사람들과 대면하라고 말하지는 않겠습니다. 하지만 귀찮고 겁이 나더라도 조금씩 극복해서 대면 기회를 만드는 것, 즉 사회에 나가기 위해 노력하는 것은 코로나19 이후의 시대에 특히 더 중요합니다. 저 또한 대면을 귀찮게 여기는 마음을 조금씩 밀어내며 앞으로의 시간을 보내려고 합니다.

쉬는 기술

대면이 귀찮고 원격이 편한 것은 사실입니다. 하지만 주기적으로 사람을 만나야 오히려 몸과 마음의 활력을 충전할 수 있습니다.

'나'가 아닌 '너'를 주어로 대화하세요

코로나 바이러스가 점차 종식되고 '위드 코로나'가 정착되면서 식당을 비롯한 외식 산업으로 다시 사람들이 몰리고 있습니다. 그런데 새로운 문제가 생겼습니다. 일본의 어린 학생들이 SNS에 민폐 영상을 퍼뜨렸습니다.

학생들은 프랜차이즈 레스토랑에서 혀로 간장병의 주둥이를 핥고, 테이블에 놓인 반찬을 마구 먹어 치우고, 혀에 댔던 이쑤시개를 다시 용기에 넣는 등 비상식적인 행동을 촬영해 재미 삼아 SNS에 퍼뜨렸습니다. 2023년 1월 일본의 한 유명 프랜차이즈 초밥집에서 벌어진 이 행각으로 악플이 쇄도하고 경찰까지 개입됐던 사건을 한 번쯤 들어 봤을 것입니다.

피해를 입은 가게는 그 뒤로 손님이 대폭 줄고 주가가 급락하는 등 막대한 피해를 입었습니다. 영상을 올린 학생들과 가족에게 거액의 배상 책임을 지울 가능성도 보였습니다. 물의를 일으킨 학생들과 그들의 가족은 물론이고 학교 측에도 극심한 비난과 비방이 끊이지 않았습니다.

영상을 올린 학생들의 이런 행동에 대해서 다양한 분석이 나왔습니다. 아이의 뇌는 사회성과 이성을 관장하는 전두전야가 특히 미성숙하고 감정을 제어하는 능력이 약하며 자극을 원하는 경향이 강하다고 합니다. 장난을 치고 혼날수록 자극 물질인 도파민이 더욱 활성화돼 아이들은 관심을 끌기 위해 점점 도를 넘는 장난을 칩니다. 이런 민폐 영상이 점점 격화되는 요인 중 하나가 바로 도파민에 의존하게 되는 메커니즘입니다.

이런 문제를 겪는 학생들은 열등감이나 콤플렉스가 심할수록 다른 사람들과 어울리는 모습을 인터넷에 과시하고 각종 앱으로 자신의 얼굴을 실물과 다르게 가공하는 등 점차 상식을 벗어난다는 대표적인 특징이 있습니다. 자신의 키가 부자연스러울 정도로 커 보이게 연출하려고 하는 경우도 있지요.

그러나 잘 생각해 보면 이런 일은 아이들만의 문제가 아닙니다. SNS에 악플을 달고 조회 수를 노리며 자극적인 영상을 업로드하는 행동은 성인에게서 더 많이 찾아볼 수 있습니다.

콤플렉스의 약은
자기 긍정감이 아닙니다

나이를 불문하고 '좋아요' 수와 댓글 수, 팔로워 수는 자기 긍정감에 그대로 반영됩니다. 자기 긍정감은 긍정적인 영향을 주는 경우가 많지만 자극이 강하지 않으면 만족할 수 없게 되는 약물 같은 면도 있습니다.

'인스타그램 감성'이 유행하게 된 배경에는 팔로우와 좋아요, 댓글을 바라는 사람들의 심리가 깔려 있습니다. 트위터에서는 팔로워 수가 많은 사람이 우월감에 빠져 팔로워 수가 적은 사람을 공격하기도 합니다. 페이스북에서 '좋아요' 수가 적으면 자신이 부정당하고 있다고 생각하는 사람들도 있습니다.

앞서 학생들의 민폐 행위는 열등감과 콤플렉스가 반영된 결과라고 말했지만 성인이 됐다고 해서 이것들이 저절로 사라지는 것은 아닙니다. SNS에서 자신을 실제보다 더욱 아름답고

멋있게 꾸미려는 사람은 그만큼 열등감이나 콤플렉스가 강한 경향이 있습니다.

팔로워 수와 댓글 수를 지나치게 의식하는 사람은 주의가 필요합니다. 자기 과시욕 혹은 자기 긍정감이 강한 사람은 자신이 타인에게 어떻게 보이는지 지나치게 의식하고 자신이 추구하는 모습이 아니면 인정받지 못할 것이라고 생각합니다. 의식하지 못한 사이에 마음이 피폐해질 수 있지요.

SNS를 그만두라는 말이 아닙니다. SNS는 중독성이 강해서 다른 사람이 그만두라고 말한다고 해서 그만둘 수 있는 것이 아니지요. 그렇다면 차라리 일상생활의 커뮤니케이션에 주목해 보는 것은 어떨까요?

혹시 자기 긍정감이 너무 강한 나머지 '나는', '내가' 등의 단어를 사용하며 자기 자신을 주어로 말할 때가 많지 않나요? 그렇다면 상대방에게 더욱 관심을 기울여 봅시다. 내 이야기를 하는 시간보다 상대방의 이야기를 듣는 시간을 늘리고 상대방을 주어로 이야기하는 데 집중해 봅시다.

인터넷에서는 자신을 과장하고 과시하기 쉽습니다. 하지만 현실의 커뮤니케이션 상황에서도 그런 식으로 행동하면 사람

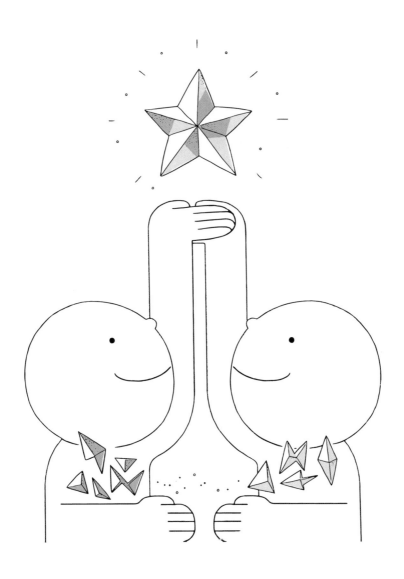

자기 긍정감이 강한 나머지 스스로를 괴롭히지는 않나요?
나에게 집중하기보다 상대방에게 집중하는 시간을 가져 봅시다.

들에게 미움받는 극심한 나르시시스트가 되기 십상입니다. 민폐 영상을 올린 학생들은 세상 사람들에게 엄격한 비판을 받아 자신의 행동이 잘못됐음을 깨달을 수 있었지만 나르시시스트는 본인도 모르는 사이 주위 사람들에게 미움받고 점차 고립됩니다.

쉬는 기술

스스로를 과장하는 데 지치지 않았나요? 실질적인 커뮤니케이션을 통해 나의 이야기를 줄여 나가 봅시다.

순간적인 생각을
곧이곧대로 믿지 마세요

　코로나 바이러스는 정치, 경제, 의료 등 우리의 일상생활 곳곳에 큰 영향을 미쳤습니다. 돌이켜 보면 폐렴 같은 인체 감염 반응은 물론이고 우리의 사고방식이나 가치관에도 막대한 영향을 미친 것 같습니다.

　코로나19 초기에 사회적 거리 두기를 실천하지 않는 사람들을 자발적으로 적발해 공개적으로 비난하거나 심한 경우 해를 가했던 일, 백신을 둘러싼 서로 다른 의견, 마스크와 관련된 사건 사고 등 코로나19는 사람들의 사고방식과 가치관이 얼마나 다른지를 부각했습니다. 코로나19로 분명해진 가치관 차이는 편향된 정의감, 사실에 근거하지 않은 망상적 음모론, 굳은 믿음으로 인한 망신적 행동 등으로 다양하게 나타났습니다.

그중에서도 가령 '마스크를 착용해야 한다' 혹은 '마스크를 벗어야 한다'는 생각처럼 '무언가를 해야 한다'는 생각이 너무 강하면 정신이 피폐해지기 쉽습니다. 흑백 논리, 완벽주의, '무언가를 해야만 한다'는 사고방식을 가질 때 스트레스가 쌓이거나 우울증 같은 병으로 이어지기 쉽기 때문입니다. 인간의 사고방식은 정도가 심하든 아니든 대체로 뒤틀어져 있고 그것이 개성이 되기도 합니다. 하지만 지나치게 부정적으로 뒤틀어지면 스트레스가 늘어납니다.

괴로울 때나 기분이 좋지 않을 때 머리에 떠오르는 생각들을 '자동 사고'라고 부릅니다. 그리고 자동 사고의 기반이자 지금까지의 경험과 배움으로부터 형성되는 사고방식, 습관을 '스키마'라고 합니다.

- 양자택일로밖에 생각하지 못하는 이분법적인 사고.
- 99퍼센트 성공해도 1퍼센트 실패하면 모든 것이 잘못됐다고 생각하는 흑백 논리.
- 스스로를 궁지에 몰아넣을 뿐만 아니라 타인도 자신이 원

쉬는 기술

하는 대로 행동하기를 기대하고 배신당하는 '해야만 한
다'는 사고방식.

- 완벽하지 않으면 직성이 풀리지 않으며 현실의 나와 이상
의 내가 서로 멀어지게 만드는 완벽주의.

이 모든 것이 스키마에 해당합니다. 이 사고 습관들은 코로
나19 이후에 사람들을 한층 더 괴롭혔을 가능성이 있습니다.

부정적으로 생각하는
버릇을 고치는 방법

예를 들어 마스크 착용이 의무였을 때를 떠올려 봅시다. 마
스크의 필요성에 동의하는 사람들은 마스크를 착용해야 한다
는 사고방식에 따라 마스크를 쓰지 않은 사람들을 불편하게
생각했을 것입니다. '감염이 확대될지도 모르는데 왜 마스크
를 안 쓰는 거야?'라며 말이지요. 반대로 마스크 착용에 반대
하는 시림 중에서도 마스크를 쓰지 않는 것이 좋다는 사고방
식에 따라 '외국에서는 마스크를 착용하지 않는데 왜 우리나
라에서는 써야 하는 거야?'라며 화를 냈을 수 있지요. 이 두 경

우 모두 정신 건강의 관점에서 보면 정신이 피폐해지기 쉬운 스키마를 갖고 있습니다.

스키마를 현실 생활에 적응시키는 방법은 없을까요? 이를 위한 가장 효과적인 방법이 바로 '인지 행동 요법'입니다. 인지 행동 요법에 관해서는 많은 책이 출간돼서 이에 대해 이미 아는 분이 많을 것입니다. 저도 상담에 대해 강의할 때 간단하게 활용할 수 있는 형식으로 인지 행동 요법을 소개합니다.

인지 행동 요법이 사고방식을 긍정적으로 바꾸는 방법이라고 생각하는 사람이 많습니다. 그런데 엄밀히 말하면 긍정적인 사고보다는 적응적 사고에 가까워지기 위한 연습입니다.

코로나19가 유행하는 동안 거리에서 자주 목격할 수 있었던 광경으로 예를 들어 보겠습니다. 다음을 통해 '해야만 한다'는 사고방식의 스키마를 적응적 사고로 수정해 나가는 과정을 따라가 봅시다.

- 사건: 술집에서 소동을 일으키는 젊은 사람들을 봤다.
- 인지(스키마):
  1. 코로나 바이러스 감염은 아직 방심할 수 없으므로 저것은 민폐를 끼치는 행동이다.

쉬는 기술

2. 저들이 개념 없는 사람이라고 생각했고 화가 났다.

사고 버릇인 이 스키마에 굳이 반증해 보겠습니다. 말하자면 나를 화나게 한 상대방의 입장이 돼 보는 것입니다.

- 반증:
  1. 오랜만의 모임이라 흥겨웠을지 모른다.
  2. 젊은 사람이라면 이 정도의 에너지가 있는 편이 오히려 좋을 것이다.
  3. 가게를 운영하는 입장에서는 손님이 있기 때문에 경영 면에서 오히려 안심하고 있을 수도 있다.

이것들이 사실인지 아닌지는 당사자에게 확인해 보지 않는 이상 알 수 없지만 이처럼 자신의 순간적인 생각을 반대의 입장에서 고쳐 보는 것입니다. 그리고 이 반증으로부터 적응적 사고를 이끌어 냅니다.

- 적응적 사고:
  1. 코로나19로 고생했던 젊은 사람들의 마음에 공감하자.

2. 불쾌한 사람이나 나쁜 버릇이 있는 사람은 가까이하지 않으면 된다.

3. 정도가 너무 지나치면 가게 직원들에게 말하자.

적응적 사고는 이외에도 더 있을지 모릅니다.

우리는 살아가며 괴롭거나 불쾌한 사건을 완전히 피할 수 없습니다. 코로나 바이러스가 한창이었을 때는 물론이고 코로나19 이후에도 마찬가지입니다. 우리 인류는 미래를 경험해 보지 못했기에 상정할 수 없는 괴로운 일을 피하지 못하고 불쾌한 일을 충분히 겪을 수 있습니다. 예측할 수 없는 변화가 극심한 사회에서 건강하게 살기 위해서라도 무의식중에 나타나는 사고 버릇을 적응적 사고로 바꾸는 연습이 필요합니다. 이는 정기적인 운동으로 신체를 단련하는 것만큼이나 중요합니다.

적응적 사고를 연습하는 데는 이 책에서 주로 악역을 맡는 스마트폰을 활용하는 것이 도움이 됩니다. 정신 건강에 문제가 있는 사람뿐만 아니라 일반인도 사용할 수 있는 유용하고 사고 훈련에 도움이 되는 애플리케이션이 늘고 있습니다.

예를 들면 일본에는 인지 행동 요법의 권위자인 오노 유타카가 감수하고 마음챙김 프로그램도 갖춘 'Rest Best' 같은 신뢰할 수 있는 애플리케이션이 있습니다. 자신에게 맞는 도구나 앱을 활용하면 잘못된 스키마를 수정하기 위한 사고 훈련에 도움이 될 것입니다.

쉬는 기술

자신의 스키마, 즉 사고 버릇을 알아챘다면 잠시 멈춰 그 사고를 음미해 봅시다. 이 과정을 반복하다 보면 마음이 차분해지고 정신이 편안해집니다.

퇴근과 출근 사이,
충분한 간격이 필요합니다

재택근무를 하다 보면 일에 끝이 보이지 않을 때가 많습니다. 내 마음대로 시간을 배분하거나 퇴근 시간을 조절할 수 있기 때문에 휴식 타이밍을 놓치기 쉽습니다. 자칫 하루 종일 일하게 되기도 하지요.

이처럼 일을 질질 끌면서 계속하는 것이 얼마나 안 좋은지 확실히 보여 주는 증거로 '인터벌(간격)'이 있습니다. 전날 업무가 끝난 시간부터 다음 날 업무를 시작할 때까지의 시간 간격을 노동 관리상의 인터벌이라고 합니다.

오후 6시까지 일을 끝내고 귀가한 후 다음 날 오전 9시부터 근무를 시작한다면 인터벌은 15시간입니다. 충분한 인터벌은 일의 능률을 올리기 위해서뿐만 아니라 몸과 마음의 건강을 유지하기 위해서도 매우 중요합니다. 온과 오프가 잘 구별되지 않는 재택근무를 할 때 꼭 지키고 싶은 것 중 하나입니다.

EU는 '근무 간 인터벌 제도'라는 법을 도입했습니다. 이로 인해 EU 가맹국은 최소 11시간의 근무 간 인터벌을 둬야 합니다. 인터벌이 없어지면 여유와 수면이 줄어들어 행복도가 떨어질 뿐만 아니라 심신의 건강에 이상이 생길 위험이 높기 때문입니다. 당직 후의 연속 근무를 오랫동안 경험한 사람으로서 근무 간 인터벌 제도는 교대 근무자들이 건강을 유지하는 데 매우 중요한 제도라고 생각합니다.

일본 노동안전위생종합연구소의 구보 토모히데가 일본의 회사원을 대상으로 실시한 연구에 따르면 이들의 평균적인 인터벌 시간은 13.1시간이었습니다. 그러나 그중 54퍼센트는 EU가 정한 최소 시간인 11시간보다 인터벌이 짧았습니다. 인터벌 시간이 짧으면 짧을수록 수면 시간이 짧고 피로도도 높다는 사실 또한 실제로 증명됐습니다. 후생노동성도 근무 간 인터벌 제도의 이점으로 종업원의 건강 유지 및 향상과 종업원의 확보 및 정착, 생산성 향상을 들고 있습니다.

인터벌에서 가장 중요한 것은
일을 끝내는 시간

그런데 여기서 주의해야 할 것이 있습니다. 바로 재택근무를 하는 사람들이 일하는 방식입니다. 재택근무자들의 인터벌 시간은 얼마나 될까요? 인터벌을 충분히 취하고 있다는 사람이 있는가 하면 재택근무를 하면서 오히려 그 시간이 짧아졌다는 사람도 있을 것입니다.

문제가 되는 것은 당연히 후자입니다. 5시간에서 6시간 정도의 수면 시간이 곧 작업 종료로부터 다음 날 작업 개시까지의 인터벌이라면 이는 적신호에 가까운 황색 신호입니다.

사실 일본에서도 2019년부터 근무 간 인터벌 제도를 도입했습니다. 그러나 강제성이 없고 사업주의 재량에 달려 있습니다. 심지어 코로나19 이후로 늘어난 재택근무에는 인터벌 제도의 영향이 미치지 못했습니다.

재택근무에 근무 간 인터벌 제도를 어떻게 도입할 것인가는 매우 어려운 문제입니다. 사람을 붙여서 인터벌 시간에는 집에서 일을 하지 못하게 감시할 수도 없는 노릇입니다.

가장 좋은 방법은 일을 끝내는 시각을 명확히 정하는 것뿐입니다. EU가 정한 최소 시간인 11시간의 인터벌을 취하기

인터벌에서 가장 중요한 것은 일을 끝내는 시간입니다.
정시에 반드시 퇴근하는 날을 정해 보는 것은 어떨까요?

위해서는 아침 9시에 일을 시작했다면 밤 11시에는 일을 끝내야 합니다. 이렇게 생각하면 꽤 늦게까지 일할 수 있겠다고 생각하기 쉬울 것입니다. 하지만 11시간이라는 수치는 교대 근무자를 위한 최소한의 목표입니다. 통상의 시간대에 일하는 사람은 14시간에서 15시간 정도의 인터벌을 취해도 좋습니다.

인터벌 시간이 11시간인데 그중 7시간을 잠자는 데 쓴다면 4시간밖에 남지 않습니다. 여기서 이동 시간이나 식사 시간 등을 빼면 더 짧아지겠지요.

앞서 소개한 노동안전위생종합연구소의 논문에 따르면 인터벌 시간이 길면 길수록 수면 시간을 확보할 수 있어 피로도가 낮아진다고 합니다. 만약 일의 양이 많아 충분한 인터벌을 갖기 어렵다면 오후 6시 혹은 7시에는 반드시 일을 끝내는 '인터벌 데이'를 주 3일 이상 정해 봅시다. 특히 근무 간 인터벌 제도를 충실하게 적용하기 어려운 재택근무자들은 스스로 인터벌을 정해야 합니다.

쉬는 기술

재택근무를 한다면 적어도 주 3회 이상 일을 일찍 마치는 날을 정해 봅시다.

일주일에 한 번만 운동해도
충분합니다

코로나19 비상사태가 발령됐던 2020년 봄 이후로 생활이 급격하게 변화하면서 많은 사람이 운동 부족을 실감했을 것입니다. 운동 부족과 비만의 위험을 느꼈기 때문인지 거리에는 조깅을 하는 사람도 늘어난 듯합니다.

앞으로 운동이 몸과 마음의 건강에 좋다는 사실을 이 책에서 여러 차례 언급할 예정이기는 하지만 이는 굳이 설명하지 않아도 이미 모두가 잘 알고 있을 것입니다. 지속적인 운동을 위한 조언으로 이 글을 읽어 주셨으면 합니다.

코로나19로 인한 사회적 거리 두기 기간에는 저도 위기감을 느껴 조깅의 주행 거리와 빈도를 꽤 늘렸습니다. 전보다 체력이 붙은 것 같다고 생각했습니다. 그러나 사회적 거리 두기가 끝나고 정상적인 생활로 돌아가자 그런 생각이 말도 안 되는 착각이었음을 깨달았습니다. 아침에 일어나 지하철을 타고 회사에 가고 교실과 회의실을 돌아다니다가 밤에 귀가하는 것만으로도 피로를 느끼게 된 것입니다. 이전에도 매일 소화했던 일과인데 말입니다. 제 체력이 얼마나 떨어졌는지 뼈저리게 느끼는 괴로운 경험이었습니다.

체력을 키우거나 건강해지기 위해 헬스장에 다니는 사람도 있겠지만 누구나 꾸준히 지속할 수 있는 것은 아닙니다. 만성적인 운동 부족에 시달리는 분이 적지 않으리라 생각합니다.

디지털 전환 시대에는 헬스장에 가서 제대로 된 운동을 해야 좋다는 생각보다 일상생활에서 할 수 있는 운동을 늘려 나가는 자세가 더 중요합니다. 출근할 때나 쇼핑할 때 계단을 이용하거나 가까운 곳은 걸어가는 등 매일의 작은 습관이 나중에 큰 효과를 발휘합니다.

평소 지하철역이나 회사에서 계단을 이용하는 것이 건강 증진에 큰 도움이 된다는 사실은 실제로 스위스의 한 연구 그룹에 의해 밝혀졌습니다. 적극적으로 계단을 이용하면(하루 평

본격적인 운동보다 일상의 작은 운동 습관이
몸과 마음의 체력을 기르는 데 더 도움이 됩니다.

균 20.6계단) 최대 산소 섭취량이 증가할 뿐만 아니라 수축기 혈압과 '나쁜 콜레스테롤'이라고 불리는 LDL 콜레스테롤이 감소한다고 합니다.

생각해 보니 사회적 거리 두기 기간에 저는 계단을 거의 사용하지 않았습니다. 지금은 지하철역이나 대학 캠퍼스의 계단을 감사하는 마음으로 오르내립니다.

정신 건강을 위한
최소한의 운동량

운동을 지속하지 못하게 하는 게으름에 대한 대책을 소개하려고 합니다. 사실 게으름을 극복하기 위해서는 운동에 대한 의식을 높이는 방법밖에 없습니다. 가령 일요일에는 반드시 조깅을 하는 등 운동을 습관화해 나갈 수밖에 없습니다. 이때 적절한 운동이 우울증을 예방한다는 점을 확실히 인지한다면 운동에 동기 부여가 되지 않을까요?

우울증과 운동에 관한 연구는 셀 수 없을 정도로 많지만 사실 이 주제는 실험 계획이 어려운 주제이기도 합니다. 운동은 체력이나 기호에 따른 개인차가 크기 때문에 실험 디자인이 어렵습니다.

하지만 지금까지의 연구를 종합하는 식의 메타 해석을 통해 운동이 우울증 예방에 확실히 효과가 있다는 사실이 증명됐습니다. 2022년에 미국의사협회 정신의학회지 〈JAMA Psychiatry〉에 실린 논문에서는 15개의 조사 연구(대상자는 총 19만 1,130명)를 대상으로 방대한 데이터를 분석했습니다.

그 결과 자전거, 수영, 빨리 걷기 등의 중간 강도 운동을 일주일에 최소 150분간 한 사람들은 운동을 별로 하지 않은 사람들에 비해 우울증에 걸릴 위험이 25퍼센트나 낮다는 사실이 밝혀졌습니다. 또한 권장 운동량의 절반만큼만 운동한 사람에게도 운동의 항우울 효과가 나타났습니다. 이들은 우울증에 걸릴 위험이 18퍼센트 낮다는 결과가 나왔습니다.

요약하면 몸을 움직이는 것은 우리가 생각하는 것 이상으로 정신 건강에 큰 영향을 미칩니다. 의사나 학자가 권장하는 운동량에는 미치지 않더라도 말이지요. 운동을 조금 한다고 해서 비만이 해소되지는 않지만 건강한 정신을 유지하는 데는 의미가 있습니다.

일주일에 최소 한 번이라도 가벼운 운동을 지속하면 우울증을 예방할 수 있다는 사실을 이 논문을 통해 알게 된 후 게으른 저 역시 운동을 하고 있습니다. 일주일에 한 번은 반드시 조깅을 하거나 땀을 흘리는 가벼운 운동을 하지요.

이 정도 운동량으로는 성인병이나 비만을 예방할 수 없습니다. 하지만 병의 사회적·경제적 부담을 평가하는 지표 '장애보정생존연수(DALY, Disability-Adjusted Life Year)'를 살펴보면 우울증은 2004년에 이미 3위였지만 2030년에는 1위가 될 것으로 예측됩니다. 운동이 부족해지기 쉬운 디지털 전환 시대에는 우울증을 비롯한 정신 건강의 문제가 점점 심화할 것으로 보입니다.

종종 적절한 운동량에 대해 질문을 받습니다. 바쁜 현대인은 휴일을 활용해 주 1회 정도 운동하는 것이 딱 좋다고 생각합니다. 그러나 제대로 된 운동을 일주일에 한 번도 할 수 없다면 의욕이 있고 없고를 떠나 너무 지쳐 있거나 몸과 마음의 컨디션을 걱정해야 하는 상황일지도 모릅니다.

마음이 쉴 수 있도록, 몸과 마음의 건강을 지킬 수 있도록 평소에 운동을 꾸준히 하는 것이 중요합니다. 정신 건강을 위해 다음 같이 실천하기 쉽고 간단한 운동을 추천합니다.

쉬는 기술

- 일주일에 한 번 운동하기.
- 가능한 한 걷거나 계단 사용하기.

시작하지도 못할 정도로 어려운 목표는 아니라고 생각하는데 여러분은 어떻게 생각하나요?

쉬는 기술

몸도 마음도 건강해지고 싶다면 우선 걷기부터 시작해 봅시다.

온라인으로 회의할 때
카메라를 꺼도 됩니다

코로나19를 겪으며 늘어난 화상 회의와 온라인 미팅에 이미 익숙해진 분이 많을 것입니다. 그런데 저는 남성에 비해 여성이 온라인 회의와 강의로 인해 스트레스와 피로를 더 많이 느끼는 것이 아닐까 의문이 듭니다. 정말로 온라인 활동의 피로도에 남녀 차이가 있을까요?

스탠퍼드대학교의 연구 그룹은 논문에서 여성이 남성보다 '줌 피로'를 느끼기 쉽다고 적었습니다. 줌 피로란 코로나19로 인해 '줌' 같은 플랫폼을 통한 화상 회의가 늘어나면서 발생한

쉬는 기술

심리적 불편함을 뜻합니다. 1만 591명을 대상으로 줌이 심신에 미치는 영향에 대해 '줌 피로도(Zoom Exhausition)'라는 항목을 중심으로 조사한 결과 남성의 줌 피로도가 평균 2.75인데 반해 여성은 3.13이었습니다. 여성이 남성보다 13.8퍼센트나 강하게 피로를 느끼고 있음을 알 수 있었습니다.

주요 원인은 컴퓨터 앞에 오래 앉아 있기, 화면에 얼굴을 계속 비춰야 한다는 속박감, 표정 같은 비언어적 요소의 결여가 아니라 '거울 불안(Mirror anxiety)'이었습니다.

내 얼굴이 화면에
비친다는 불안감

화상 회의를 할 때 화면에 얼굴이 비치는 것은 생각보다 큰 스트레스를 줍니다. 나르시시스트라면 자신의 얼굴이 화면에 나온다는 사실을 오히려 좋아할지 모르지만 대개의 사람은 그렇지 않습니다. '카메라의 각도 때문인지 뚱뚱해 보이네', '너무 초췌해 보이나'라고 생각하며 자신의 얼굴에 실망하면서 회의에 참여하는 사람도 있지 않을까요?

화면에 비친 자신의 모습에 여자가 남자보다 더 예민한 것은 어찌 보면 당연합니다. 여자들은 매일 아침 화장을 하는 경우가 많기 때문에 거울을 볼 때 스스로에게 집중하는 경향 또한 더 강할 것입니다. 온라인 회의를 할 때도 비슷한 심리가 작용하겠지요.

일본은 공공 기관 간부 혹은 일반 기업의 관리직, 대학의 이사회 및 교수회에서 남자가 압도적으로 다수를 차지하고 있습니다. 앞으로도 중요한 의사 결정의 한 도구로서 온라인 회의가 많이 이뤄질 텐데 남성 우위의 사회에서는 이처럼 여성이 강한 정신적 부담을 느낀다는 사실을 알아채기 힘들거나 무시하기 쉽습니다.

많은 사람이 거울 불안이 예민한 문제라는 점을 꼭 인지했으면 합니다. 여자든 남자든 온라인에서 보이는 자신의 모습을 더 개선하기 위해 미리 화면을 조정하거나 전용 웹 카메라를 설치하고 조명을 구입하거나 화장에 더 신경을 쓸 수도 있겠습니다만, 정신 건강 측면에서 온라인 회의를 위해 에너지를 많이 쓰는 것이 과연 옳은 일인지는 의문입니다.

앞서도 언급했듯이 여자들은 특히 화면에 비친 자신의 모습에 과도하게 집중합니다. 오히려 일정 시간 동안은 화면을 꺼 두는 등 자신의 모습에 너무 집중하지 않는 방법이 정신 건강에 더 유익할 것입니다.

쉬는 기술

화면에 비친 자신의 모습에 관심을 끄는 것이 줌 피로에 대처하는 가장 효과적인 방법입니다. 온라인으로 회의할 때는 일정 시간 동안 화면을 꺼 둡시다.

자세가 바로 서야
정신이 바로 섭니다

몸과 마음의 건강을 챙기는 데는 충분한 휴식을 취하거나 적절한 운동을 하는 것만큼이나 스트레칭과 마사지를 하는 것도 효과적입니다. 팬데믹 이후 집에서 스트레칭을 하기 시작했다는 사람이 많을 것입니다. 하지만 혼자 스트레칭을 하면 얻을 수 있는 효과에 한계가 있습니다.

전문적인 기술을 갖춘 프로에게 시술이나 지도를 받는 것은 건강해지기 위한 이 시대의 유의미한 투자입니다. 예를 들어 마사지와 도수 치료, 카이로프랙틱(Chiropractic, 약물이나 수술 없이 예방과 유지적인 측면에 역점을 둬 영양과 운동을 겸

하며 신경, 근육, 골격을 복합적으로 다루는 치료법)을 자기가 혼자 하는 것은 아무래도 불가능합니다.

이 시술들은 '대체 의료'로 분류됩니다. 통원이나 약제 복용이 필요해 부담이 큰 근대 서양 의학을 '대신하는' 의료라는 측면에서 의미가 있습니다.

통증과 심리적 불편함을 모두 없애는 시술들

여기서 마사지와 도수 치료, 카이로프랙틱의 차이를 간단히 짚고 넘어가겠습니다. 이에 대해서는 카이로프랙틱 전문가인 이토 토모카즈의 감수를 받았습니다.

지압과 마사지는 신체의 표면을 주무르고 누르고 두드리고 쓰다듬어 주로 혈액 림프의 순환을 개선합니다. 동양 의학과 일본 전통 무도에 뿌리를 둔 도수 치료는 뒤틀리거나 어긋난 몸을 손 기술로 바로잡아 상태를 개선합니다. 서양 의학을 기초로 하는 카이로프랙틱은 골반이나 척추의 어긋난 부분을 교정합니다. 골격의 균형을 바로잡아 신경을 정돈해 혈액 순환을 촉진하고 근육 뭉침이나 피로를 완화하고 건강을 유지하는 데 도움을 줍니다.

인터넷과 다른 여러 매체에서 얻은 정보를 기반으로 이 중 자신에게 맞는 것을 택하거나 전부 시도해 보고 잘 맞는 것을 알아낼 수 있겠습니다. 그러나 그보다는 지인을 통해 시술자의 인품과 방침에 대한 정보를 얻는 것이 인터넷에서 정보를 찾는 것보다 더욱 정확도가 높을 수 있습니다.

한 가지 더 잘 알려진 시술에는 침과 뜸을 아울러 말하는 '침구'가 있습니다. 이것은 통증을 다루는 인기 대체 요법입니다. 침술은 동양 의학의 '뜸자리(경혈)'를 자극해서 증상 개선을 유도합니다. 전문적인 치료가 필요하지 않은 경우에는 진통제나 습포를 처방하고 경과를 보자고 할 때가 많기 때문에 허리 통증이 있는 사람들에게는 무시할 수 없는 대체 요법입니다.

사실 허리 통증은 정신적인 측면에서도 무시할 수 없는 증상입니다. 허리 통증을 겪는 환자의 20퍼센트에서 25퍼센트가 통증 때문에 마음이 답답하고 불쾌감을 느낀다는 연구 결과가 있습니다. 앞에서 소개한 시술들은 근육이나 관절을 풀어 줄 뿐만 아니라 자율 신경의 작용을 조절해서 정신에도 좋은 작용을 미칠 수 있습니다.

허리 통증을 없애는 것도 중요하지만 저는 무엇보다 몸의 컨디션이나 세상 돌아가는 것에 대해 제게 시술해 주는 선생님과 이야기하는 시간을 좋아합니다. 의식하지 못하더라도 시술은 심리 상담의 역할을 하는 경우도 많습니다.

부정적인 마음과 구부정한 자세

스마트폰을 볼 때는 고개를 계속 숙이게 돼 이른바 '일자 목'이 되기 쉽습니다. 본래 완만한 곡선을 그려야 하는 경추가 고개를 숙일 때 일자 형태가 돼 일자 목이라고 부르지요. 영어권에서는 스마트폰으로 텍스트를 입력할 때의 자세라고 해서 '텍스트 넥'이라고 부릅니다.

인간 머리의 무게는 보통 체중의 약 10퍼센트로 볼링공의 무게와 비슷합니다. 이처럼 꽤 무거운 머리가 평소보다 앞으로 나오면 목 뒤편의 근육과 등 근육에 큰 부담이 가해집니다. 무의식중에 이 자세를 오랫동안 취하면 경추의 자연스러운 곡선이 사라지면서 혈관과 신경에 압박이 가고 근육에 부담이 생깁니다. 이로 인해 목의 통증뿐만 아니라 어깨 결림, 두통 등 다양한 문제가 생기는 것입니다.

책상에 앉아 일할 때는 보통 고개를 숙이고 해야 하는 작업이 많습니다. 이러한 일상에서 스마트폰 사용으로 인한 일자 목의 위험성은 높아지기만 합니다. 심지어 스마트폰이 여러 면에서 목에 좋지 않다는 점이 분명해지고 있습니다. 대개 스마트폰을 사용할 때는 그것을 한 손으로 잡거나 초점 거리가 일정한 자세를 장시간 유지하기 때문입니다.

일자 목으로 발생하는 목 통증이나 어깨 결림 등은 후두부의 통증, 어지럼증, 눈 통증, 시력 장애, 턱 관절 통증, 가슴 통증 등 다양한 증상을 일으킬 가능성이 높습니다. 이는 자동차와 충돌했을 때 강한 충격으로 인해 목이 앞뒤로 강하게 흔들려 생기는 장애와도 비슷합니다.

잘못된 자세는 당연히 정신에도 영향을 미칠 것입니다만, 일자 목과 정신 건강의 관계에 대해서는 아직 충분히 연구되지 않은 듯합니다. 하지만 몸을 앞으로 구부리면 기분이 소극적으로 바뀐다는 점은 이미 몇몇 연구에서 드러났습니다.

뉴질랜드 오클랜드대학교의 연구 그룹은 74명의 자원봉사자를 두 그룹으로 나눠 실험을 진행했습니다. 이 중 한 그룹에게는 구부린 자세로 질문에 대답하게 했습니다. 몸을 앞으로 구부린 채로 대답한 그룹은 바르게 앉아 있던 그룹보다 자신감이 낮아지고 기분이 좋지 않았으며 부정적으로 대답했습니다. 일자 목 때문에 몸의 이곳저곳에 불편이 생기기도 전에 몸을 앞으로 구부린 것만으로도 사람이 부정적으로 변한다는 것입니다. 여기에다 통증과 어지럼증까지 생기면 정신적인 측면에서 점점 나쁜 영향을 받게 될 것이라는 점은 설명할 필요도 없을 것입니다.

앞으로 자세히 설명할 예정이지만 일자 목과 허리 통증으로 고생하지 않으려면 노트북 스탠드나 스마트폰 스탠드를 사용하는 것이 좋습니다. 하지만 그것만으로 충분하지 않습니다.

습관적으로 몸을 장시간 구부리고 있는 것은 건강에 좋지 않기 때문에 15분에서 20분에 한 번은 자세를 바로잡는 것을 추천합니다. 목을 쭉 늘려서 의식적으로 자세를 바로잡으려고 해 봅시다.

쉬는 기술

일자 목이 되지 않게끔 몸을 돌보면 부정적이었던 마음도 긍정적으로 변합니다.

다 같이 웃으면
다 같이 편안해집니다

최근 무언가가 아주 재미있거나 이상해서 자기도 모르게 웃음을 터뜨린 적 있나요? 정신을 건전하게 유지하기 위해서는 유머와 미소가 중요합니다. 정신과 의사 빅터 프랭클의 명저 《죽음의 수용소》에도 그가 강제 수용소에서 가혹한 생활을 보내기 위해 사람들과 농담을 주고받고 불행을 웃어넘기려고 애썼다는 내용이 나옵니다.

프랭클은 '유머는 자기 보존을 위한 투쟁에 필요한 또 다른 무기 중 하나'라고도 적었습니다. 스트레스를 느끼는 상황에서 마음의 건강을 지키기 위해 유머는 없어서는 안 되는 존재

임을 가르쳐 주는 말입니다.

구글에 '유머'를 검색하면 이 단어가 그리스 시대의 '기질'이라는 말에서 유래했다고 나옵니다. 다음에서는 제가 대학과 정신과 의국에서 공부하고 독서하며 얻은 내용을 바탕으로 유머에 대해 설명해 보겠습니다.

현대 심리학이나 사회학을 보면 유머는 커뮤니케이션 방법의 하나로 심신의 건강을 유지하게 도와주는 것임을 알 수 있습니다. 유머는 성질에 따라 몇 가지로 나뉘는데 여기서는 다음과 같이 네 가지로 구분해 보겠습니다.

- 친화적 유머: 타인을 즐겁게 하기 위해 재미있는 행동이나 센스 있는 말을 하는 것.
- 자기 고양적 유머: 곤란하거나 스트레스를 받을 때 스스로를 격려하는 것.
- 자학적 유머: 자신을 희생해 재미있는 행동을 하며 다른 사람을 즐겁게 하는 것.
- 공격적 유머: 타인을 공격하기를 즐기는 것.

이 중 어느 유머가 좋은 유머인지는 설명하지 않아도 알 수 있을 것입니다.

나를 돌보는 유머,
우리를 돌보는 유머

유머는 왜 마음 건강에 좋을까요? 한 가지 이유는 우리가 가장 많이 신경 쓰는 인간관계에 유머가 영향을 주기 때문입니다.

친화적 유머와 자기 고양적 유머는 주위 사람에게 좋은 인상을 주기 때문에 인간관계가 원만해집니다. 반대로 자학적 유머와 공격적 유머는 좋은 영향을 미칠 것 같지는 않습니다. 특히 공격적 유머는 인간관계를 파괴하기 때문에 장소를 불문하고 절대 사용해서는 안 됩니다.

유머가 건강에 좋은 또 다른 이유는 스스로가 느끼는 감정 때문입니다. 친화적 유머와 자기 고양적 유머는 사람의 감정을 더욱 긍정적으로 변화시킨다고 알려져 있습니다. 유머는 주변 사람뿐만 아니라 자신에게도 심리적으로 좋은 영향을 미칩니다.

그러나 아쉽게도 일본 사람들은 유머 감각이 그리 뛰어나지 않습니다. 일본인과 다른 여러 나라의 사람들이 유머를 해석하는 데 차이가 있는 것도 사실입니다. 예를 들어 겸손의 문화가 있는 일본에서는 외국에 비해 자학적 유머가 부정적인 인상을 덜 줄지도 모르지요.

또한 일본에는 창피함의 문화가 깊게 뿌리내리고 있지요. 그래서 수업을 듣거나 회의를 할 때 미국이나 유럽 사람들처럼 먼저 적극적으로 발언하거나 질문하는 문화가 정착되지 못했습니다. '창피를 당하고 싶지 않다'는 의식이 스며 있기 때문입니다. 하지만 수치심을 강하게 느끼면 곤란한 상황이나 어리석은 행동을 가볍게 웃어넘길 수 없습니다. 있는 그대로의 자기 모습을 받아들이기 어려워하고 스트레스를 쌓아 두게 될 가능성이 있습니다.

자학이 과하면 자기 자신뿐만 아니라 주변 사람도 함께 슬퍼질 것입니다. 스스로를 깎아내리는 셈이기 때문입니다. 이 때문에 자학적 유머는 그다지 추천하지 않습니다.

자신이 좋아하는 스타일의 유머가 가득한 영상을 보는 것은 유머 감각을 익히는 연습이 될 것입니다. 다만 공격적인 유머를 받아들이지 않도록 주의를 기울여 봅시다.

나뿐만 아니라 다른 사람을 웃게 만드는 것은 이타적인 행동이기에 정신 건강에 긍정적으로 작용합니다. 주의해야 할 점은 출신지나 학력, 성별, 외모 같은 상대방의 기본적인 정체성을 소재로 삼지 않는 것입니다. 일상 대화에서도 늘 적절하고 재미있는 유머를 던질 수 있도록 연습하는 것도 좋을 것입니다.

스트레스를 떨쳐 내는 힘이 강한 사람은 바꿀 수 없는 것을 받아들이는 기술을 알고 있어서 곤란한 상황이나 실패를 긍정적으로 받아들입니다. 또한 유머를 통해 비극이나 공포를 새롭게 받아들이고 미소를 통해 주위 사람을 좋은 방향으로 이끌며 감정을 조절할 수도 있습니다. 다시 말해 유머와 미소는 정신 건강에서 빼놓을 수 없는 행위입니다.

쉬는 기술

다른 사람을 즐겁게 하고 스스로를 격려하는 유머는 주변 사람과 나를 긍정적으로 변화시켜 마음을 차분하게 만들어 줍니다.

다른 사람을 웃게 하면 나도 행복해질 수 있습니다.

에너지 낭비를 막는
3분 청소

주변을 빠르게 정리하고 청소하는 행동은 지친 마음에 좋은 영향을 준다고 이야기했습니다. 정리나 청소를 하면 피곤해질 텐데 어떻게 좋은 영향을 미친다는 것일까요?

물건이 곳곳에 어지럽게 뒹굴어 어수선하거나 먼지가 눈에 띄면 주의가 분산됩니다. 서류와 물건 더미에서 자신이 원하는 것을 순식간에 찾아내는 능력을 가진 사람도 있을 수 있겠습니다만, 그것은 공간 인지 능력과 기억력이 뛰어나야만 가능한 일이겠지요.

이런 능력이 없는 보통의 사람들은 필요한 것을 찾는 행위만으로도 뇌의 에너지를 소비합니다. 불필요한 에너지 소모를 피하기 위해서는 작업이 한 단락 끝났을 때 2분에서 3분만 투자해서 정리 정돈을 해 봅시다. 뇌를 쉬게 할 수 있을 것입니다.

또한 정리 정돈은 작은 성취감과 개운함을 안겨 줍니다. '무언가를 해냈다는 느낌', '앞으로도 할 수 있을 것 같은 느낌'은 의욕을 돋우는 신경 전달 물질인 도파민을 분비시킵니다. 도파민은 심지어 정리 정돈을 할 때뿐만 아니라 끝난 후에도 뇌의 피로를 경감해 줍니다.

3장

좋은 습관이 좋은 컨디션을 만듭니다

몸이 쉬는 기술

☕ 당신은 제대로 쉬고 있나요?

- 평일 아침에 일어나는 시간과 주말 아침에 일어나는 시간이 확연히 다르다.

- 낮잠을 자고 일어나면 보통 한나절이 지나 있다.

- 잠이 오지 않을 때는 피로감을 느끼기 위해 일부러 운동을 한다.

- 늦은 퇴근 시간 때문에 식사 시간이 늦고 식사한 지 3시간이 지나기도 전에 취침한다.

- 일에 집중하다 보면 어느새 상체가 책상을 향해 기울어져 있다.

- 한번 일을 시작하면 컴퓨터 화면에서 눈을 떼지 않는다.

- 화장실 갈 때가 아니면 거의 자리에서 일어나지 않는다.

· 하나라도 체크했다면 당신에게는 쉬는 기술이 필요합니다.

제때 식사하고 제때 운동해야
잘 잡니다

일하는 방식이 달라지면서 탄력 근무와 재택근무가 늘고 수면 시간이 길어졌습니다. 그러나 재택근무를 하면 오히려 수면의 질이 떨어지고 하루의 리듬이 쉽게 흐트러진다는 사실이 밝혀졌습니다. 수면의 질이 악화되고 수면-각성의 리듬이 깨지면 일의 성과를 잘 내지 못할 뿐만 아니라 때때로 정신 건강에 문제가 생길 수 있습니다. 이는 결코 간과해서는 안 되는 문제입니다.

수면의 질을 높여 하루의 리듬을 정돈하고 몸과 마음이 충분히 안정을 취하게 하려면 어떻게 해야 할까요?

체내 리듬을 바로잡는
잠, 운동, 식사의 타이밍

잠을 잘 자기 위해서는 낮에 해 둬야 할 습관들이 있습니다. '습관'이라는 단어로 알 수 있듯이 하루 혹은 일주일 만에 결과를 얻을 수는 없습니다. 하지만 월 단위로 지속하면 반드시 효과가 나타납니다.

다음은 이 습관의 핵심들입니다.

정해진 시간에 자고 일어나기

정해진 시간에 자고 일어나는 것은 하루의 리듬을 만들 때 매우 중요합니다. 재택근무의 여부와 무관하지요. 곧 이 요령에 대해서도 다룰 테니 참고해 주세요.

낮잠 시간은 30분을 넘기지 않기

낮잠을 너무 길게 자면 깬 후에 오히려 정신이 멍해져 각성도가 저하되고 밤에 쉽게 잠들지 못합니다. 그 때문에 낮잠은 30분을 넘기지 않는 것이 좋습니다. 다만 수면 시간이 짧은 교대 근무자나 아침에 연습을 하는 운동선수의 경우에는 조금 긴 선잠이 더 효과적이라는 연구 결과가 최근 발표됐습니다.

자기 직전에 운동하지 않기

운동도 타이밍이 중요합니다. 매일 아침과 저녁의 통근 시간은 몸을 움직이는 시간으로 자리 잡혀 우리는 일정한 리듬으로 신체 활동을 하게 되지요.

헬스장에 다닌다면 운동하러 가는 요일과 시간대가 정해져 있는 경우가 많을 것입니다. 아침이든 새벽이든 좋아하는 시간에 운동하는 것은 건강에 좋습니다. 운동을 전혀 하지 않는 것보다 낫지요. 하지만 시간대에는 주의가 필요합니다.

예를 들어 자기 직전에 격한 운동을 하면 피곤해서 쉽게 잠들 것 같지만 자는 동안의 자율 신경에는 그다지 좋지 않습니다. 혈압과 맥박이 상승하면서 몸과 마음의 액셀 역할을 하는 교감 신경의 활동이 활발해져 숙면에 영향을 미치기 때문입니다. 또한 브레이크를 걸고 긴장을 풀어 주는 역할의 부교감 신경은 교감 신경에 눌려 활발히 활동하지 못합니다. 수면 중에 피로를 충분히 완화할 수 없습니다.

휴일에 강약을 주는 의미에서 주말에는 오전이나 이른 오후에 운동을 하는 것도 나쁘지 않습니다. 다만 평일에는 가능한한 이른 시간대에 시간을 정해 두고 운동해야 몸과 마음의 리듬을 정돈하는 데 도움이 됩니다.

취침 3시간 전에 식사 마치기

식사 타이밍 또한 체내 리듬을 만드는 데 중요합니다. 체내 시계를 담당하는 유전자는 신체의 세포 하나하나에 모두 들어 있습니다. 음식물을 소화하는 위 세포와 장 세포에도 들어 있지요. 이 두 세포를 자극하는 것은 당연히 음식물입니다. 특히 아침 식사는 소화관의 체내 시계를 켜는 작용을 합니다. 참고로 세포들에 들어 있는 체내 시계의 마스터 클록, 비유하자면 그리니치 표준시 같은 것이 바로 미간 안쪽에 위치한 뇌의 시교차 상핵입니다.

체내 시계 같은 과학적인 개념을 논하기 전에 먼저 잠들기 직전 식사를 하고 다음 날 아침에 속이 더부룩했던 경험을 떠올려 봅시다. 누구나 이런 경험이 있으리라 생각합니다. 자기 직전의 식사는 위와 장에게 '앞으로 활동할 거야'라는 잘못된 신호를 보내 몸을 자극합니다.

또한 수면 중에는 깨어 있을 때에 비해 식후 칼로리 소비가 잘 이뤄지지 않기 때문에 살이 쉽게 찝니다. 음식을 먹고 나서 곧바로 누우면 위산이 입으로 역류할 가능성이 높아져 역류성 식도염에 걸리기 쉽습니다. 음식을 먹은 후에는 위산이 활발하게 나오는 곳에 위의 연동 운동뿐만 아니라 음식이 위에서 아래로 내려가는 중력도 크게 작용하기 때문에 가능한 한 눕지 않고 일어나 있는 것이 좋습니다.

그러나 이렇게 되면 늦은 시간에 야식을 먹는 사람은 아무래도 취침 시간이 늦어질 것입니다. 숙면을 취하고 싶다면 적어도 취침 3시간 전까지 식사를 마칠 수 있도록 스케줄을 조정해야 합니다. 집에 돌아가서 저녁을 먹기에 시간이 너무 늦다면 회사에서 식사를 하거나 외식을 하는 것도 고려해야 합니다.

'소화가 잘되는 음식을 먹으면 괜찮지 않을까요?'라고 생각하는 사람도 있을 수 있습니다. 어떤 음식을 먹든 위액은 분비됩니다. 명치가 쓰라리거나 잦은 트림으로 고통받는 역류성 식도염으로 고생하고 싶지 않다면 저녁 식사를 너무 늦게 하지 않거나 야식을 먹지 않는 것이 좋습니다.

식사와 운동의 중요성을 절감하는 사람이 늘고 있습니다. 식사와 운동의 양이나 형식에는 개인차가 큰데도 정보는 많고 관심 또한 높아지고 있습니다. 반면 식사와 운동의 타이밍은 그다지 중요하게 여기지 않습니다. 식사와 운동의 타이밍을 조정해야 수면의 리듬도 조정할 수 있고 나아가 몸과 마음을 충분히 쉬게 할 수 있습니다.

　이외에도 하루의 리듬을 정돈하는 방법에는 야외에서 햇볕 쬐기, 밤에 스마트폰이나 컴퓨터 하지 않기, 낮 시간에 사람들과 소통하기 등이 있습니다.

쉬는 기술

식사와 운동의 타이밍을 최적화하면 수면의 리듬도 정돈되고 숙면을 취할 수 있습니다.

늦잠은 1시간을
넘기지 마세요

저는 일본의 프로 야구 구단인 주니치 드래건스의 오랜 팬입니다. 2021년 개막 선수였던 후쿠타니 고지가 속한 팀이지요. 그는 게이오기주쿠대학교의 이공학부 출신으로 학부의 우수 학생에게 주어지는 후지하라상을 수상했습니다. SNS만 봐도 그가 방대한 양의 책을 읽는 독서가이자 연구가라는 사실을 알 수 있습니다.

후쿠다니 선수는 하버드대학교의 교수 매슈 워커의 세계적인 베스트셀러 《우리는 왜 잠을 자야 할까(Why we sleep)》도 즐겨 읽습니다. 그가 보여 주는 훌륭한 경기의 원천이 바로 수면을 중요하게 생각하는 자세가 아닐까 생각합니다.

다음은 후쿠타니가 개혁하고 실천 중인 수면 습관입니다.

- 이제는 '자는 편이 좋다'는 생각을 넘어 '자지 않으면 안 된다'고 생각하게 됐습니다.
- 낮잠도 잡니다. 너무 많이 자도 좋지 않으니 낮잠은 10분에서 30분 이내로 잡니다.
- 자기 전에는 스마트폰을 보지 않습니다.

그가 한 말 중에서 가장 인상 깊었던 말이 있습니다.

"올해부터는 경기가 저녁에 있더라도 아침에 구장에 나가기 시작했습니다."

매일 아침 같은 시간에 일어나는 습관을 철저하게 지키고 저녁에 경기가 있더라도 오전 9시에는 구장에 나가서 몸을 돌보고 경기를 준비한다는 것입니다.

프로 야구 선수는 경기 시간이 낮인지 밤인지에 따라 컨디션을 조절해야 합니다. 언젠가 요미우리 자이언츠의 야구 선

수 구와타 마스미와 대담할 기회가 있었는데, 현역 시절 그는 특히 선발 시합이 끝난 밤에는 흥분감으로 거의 잠을 자지 못했다고 합니다. 프로페셔널하게 컨디션을 관리하기가 얼마나 어려운지 알 수 있습니다.

최상의 컨디션을
만드는 수면 습관

정해진 시간에 일어나 정해진 시간에 잠드는 이 간단한 습관은 충분한 휴식을 취하고 성과를 올리기에 가장 좋은 방법입니다. 물론 쉬는 날 아침에는 조금 느긋해져도 좋습니다. 팬데믹 전에 저는 쉬는 날에 늦잠을 적어도 3시간 이내로 허용하겠다고 정해 뒀습니다. 3시간으로 정한 이유는 시차가 3시간 이상인 나라를 여행할 때부터 시차증이 뚜렷하게 나타나기 때문입니다.

그러나 탄력 근무와 재택근무처럼 다양한 업무 방식이 나타난 지금, 아침잠을 얼마나 허용할 것인지에 대한 기준도 달라져야 한다고 생각합니다. 국제적인 수면 조사의 결과에 따르면 재택근무자의 평일 수면 시간은 과거에 비해 늘어났습니다. 만성적인 수면 부족, 이른바 '수면 부채'가 줄면 수면 부족을 보충하기 위한 휴일 늦잠의 필요성이 줄어들 것입니다.

탄력 근무나 재택근무를 하면 매일 똑같은 시각에 일어날 필요가 없지만 저는 가급적 늘 같은 시간에 일어나는 것을 추천합니다. 늦잠을 자더라도 1시간 이내로만 자는 것이 좋다고 생각합니다. 물론 평일에 충분한 수면을 취했다는 전제하에 말입니다.

재택근무를 하면 젊은 사람은 야행성으로, 고령자는 아침형으로 바뀌기 쉽습니다. 지나치게 아침형 인간이 되면 한밤중에 잠에서 깨 버리고 지나치게 야행성 인간이 되면 아침에 잘 일어나지 못합니다. 두 유형 모두 결국 수면의 질이 나빠져 피로가 풀리지 않을 뿐만 아니라 낮 동안 컨디션이 떨어지고 좋은 성과를 내지 못하게 됩니다.

탄력 근무와 재택근무를 하지 않는 경우도 마찬가지입니다. 엄격하게 지키지 않아도 좋으니 어느 정도 정해진 시간에 일어나서 정해진 시간에 잠드는 습관을 들이는 것은 건강하게 생활하기 위한 기본 원칙입니다.

이 단순하지만 간단하지는 않은 원칙을 잘 지키려면 낮 시

정해진 시간에 일어나 정해진 시간에 잠들어 보세요.
수면의 질을 높이고 성과를 올리는 가장 좋은 방법입니다.

간의 스케줄을 조정하고 스트레스를 관리하는 것이 중요합니다. 일단 일정한 시간에 일어나고 자는 습관을 들여서 나만의 리듬을 만들고 조정하는 데 이 습관을 토대로 삼아 봅시다.

쉬는 기술

휴일의 늦잠은 1시간 이내가 좋습니다. 취침과 기상 리듬이 일정해지면 수면의 질이 높아집니다.

얕은 낮잠이
더욱 효과적입니다

선잠을 자면 피로가 회복되고 오후의 집중력이 높아져 결과적으로 일에서 더 좋은 성과를 얻을 수 있습니다. 다만 방식에 따라서 오히려 효과가 떨어지기도 합니다.

선잠을 너무 길게 자면 오히려 역효과가 일어날 위험이 있습니다. 일반인에게는 15분에서 30분의 짧은 선잠이 적합합니다. 선잠이 길어지면 깊은 '논렘 수면(Non-REM sleep)'에 들어가게 되기 때문입니다. 깊은 수면에서 깨어나면 각성도가 올라가기 어려우며 머리가 멍하고 몸이 무거워지는 등 퍼포먼스가 저하됩니다.

선잠의 타이밍도 중요합니다. 오후 집중력을 되살리기 위해서라면 점심 식사 후 조용한 회의실에서 안대를 끼고 한숨 자는 것도 좋습니다.

재택근무를 한다면, 특히 혼자 사는 경우라면 언제든 잠깐 눈을 붙일 수 있습니다. 하지만 아침에 일어나 다시 잠들거나 이른 저녁 무렵에 잠드는 등 잘못된 타이밍에 선잠을 자면 밤에 잠이 잘 오지 않습니다. 낮잠의 알맞은 타이밍은 각자의 기상 시간에 따라 차이가 있겠지만 12시에서 15시 사이에 자는 것이 이상적입니다.

오후에 졸음이 쏟아져 오전에 비해 능률이 오르지 않는다면 잘못된 타이밍에 너무 긴 선잠을 자지 않도록 주의를 기울이는 것이 좋습니다.

깊은 수면을 방지하는 잘 깨는 기술

자기 전에 카페인을 섭취하기

'카페인 냅(Caffeine nap)'이라고 불리는 방법입니다. 커피 제조 회사가 홍보에 적극 활용하기도 합니다. 카페인을 섭취하면 잠이 오지 않는다는 편견이 있어서 흥미를 끌기 쉽기 때문이지요.

카페인 냅의 원리는 매우 논리적입니다. 카페인은 몸에 흡수되는 데 약 15분에서 30분이 걸리기 때문에 선잠을 자기 직전에 섭취하면 너무 오래 자는 것을 방지할 수 있습니다. 또한 선잠에서 깨어난 후에 카페인의 각성 효과가 나타나 오후의 퍼포먼스 향상에도 도움이 됩니다.

유도 선수들을 대상으로 한 그룹은 선잠을 자기 전에 카페인을 섭취하게 하고, 다른 한 그룹은 플라시보 효과를 노려 가짜 카페인을 마시게 한 실험이 있습니다. 실험 결과, 선잠을 자지 않았을 때보다 잤을 때가 단거리 달리기의 기록이 좋았고, 진짜 카페인을 섭취한 그룹이 가짜 카페인을 섭취한 그룹에 비해 반복적인 연습에서 더 좋은 성과를 올렸습니다. 카페인 냅에는 실제로 개운하게 일어나는 것 이상의 효과가 있을지도 모릅니다.

개인적으로는 카페인을 섭취하면 교감 신경이 활성화되기에 진정시키는 역할을 하는 부교감 신경의 피로 회복 효과가 떨어지지 않을까 하는 의문이 있습니다. 또한 곧바로 잠드는 데 실패하면 카페인이 작용하기 시작해 잠들기 어려워질 것입니다.

그러나 본인도 잤는지 안 잤는지 모를 만큼 얕은 잠이라도 오후에 졸음이 쏟아지는 문제를 조금이라도 해소할 수 있다면 효과는 충분합니다. 무엇보다도 저는 오전부터 커피를 마시는 습관이 있어서 점심 즈음에도 카페인의 효과가 남아 있기 때문에 강도는 약하지만 자연스럽게 카페인 냅의 효과를 기대할 수 있습니다.

알람을 맞추기

이 방법 역시 매우 중요합니다. 사무실에서 선잠을 잔다면 스마트폰 알람은 필수입니다. 단순한 알람음은 밋밋하니 좋아하는 음악을 틀어 보면 어떨까요? 재택근무가 잦고 낮 시간에 가족과 함께 지내는 사람이라면 몇 시쯤에 깨워 달라고 부탁하는 것도 좋을 것입니다.

완전히 누운 채로 자지 않기

이 방법 또한 매우 중요합니다. 특히 재택근무 중에 소파에 완전히 누운 채로 잠드는 것은 절대 금물입니다. 조명이 어두운 침실에서 자거나 편안한 침대에서 자는 것 역시 피해야 합니다. 너무 깊은 수면에 빠져 누군가가 깨워 주지 않으면 저녁 무렵이나 밤에 깨어날지도 모릅니다. 몇 시간씩 선잠을 자면 생활 리듬은 완전히 흐트러지지요.

집에서 선잠을 잘 때는 편안하게 앉아 있을 수 있는 소파를 추천합니다. 긴장을 풀 수 있는 데다가 침대와는 달리 너무 오래 잘 위험이 적기 때문입니다.

회사에서 선잠을 잘 때는 회의실같이 혼자 있을 수 있는 곳에서 의자에 앉아 벽에 등을 기대고 깊게 호흡하며 잠을 청해 봅시다. 수업 중에 졸듯이 책상에 엎드려 자면 깊은 수면에 빠지지 않는다는 점에서는 선잠으로 안성맞춤이지만 머리와 얼굴, 등이나 허리에 무리가 갈 수 있습니다. 얼굴에 손과 팔의 자국도 남지요. 그럼에도 엎드려 자는 것이 편하다면 단시간이니 지나치게 신경 쓸 필요는 없을 것입니다.

제 연구실에서는 앉는 자세에 따라 형태가 변하는 빈백 의자를 사용하고 있습니다. 빈백 의자는 너무 편해서 '사람을 못 쓰게 만드는 소파'로 유명합니다. '요기보'라는 브랜드가 유명하지요.

빈백 의자는 일반적인 우레탄 의자에 비해 목 근육의 긴장도를 낮춥니다. 또한 자율 신경 해석을 통해 얻은 스트레스 지표(LF/HF)가 낮다고 합니다. 다시 말해서 마음 편히 선잠을 잘 수 있다는 말입니다. 또한 빈백 의자에서 가벼운 수면과 깊은 수면을 취했을 때 뇌파의 비율에 큰 차이가 없다는 결과를 보면 너무 깊은 수면에 빠질 위험도 없음을 알 수 있습니다.

하지만 집에서 선잠을 자기 직전에 카페인을 섭취하거나 알람을 설정해 두는 등 잠을 깨우는 장치를 마련해 두지 않으면 저녁 무렵까지 잠들어 정말로 사람을 못쓰게 만들어 버립니다. 선잠은 오전 이른 시간대에 너무 많이 자지 않는다는 기본 규칙을 지키고 가능한 한 마음 편히 쉴 수 있는 환경에서 즐깁시다.

쉬는 기술

피로가 풀리는 선잠의 요령 세 가지를 지켜 보세요. 카페인을 섭취한 후 잠에서 쉽게 깨어날 수 있는 장치를 만들어 두고 소파나 침대에서는 자지 않습니다.

야간 모드보다
거리 두기 모드가 좋습니다

수면의 질을 개선해 준다고 광고하는 영양제와 음료가 인기입니다. 취침과 기상의 리듬을 조정하고 영양제의 힘을 빌리는 것 외에도 빛의 사용법에 주목하면 체내 시계를 조정하고 수면을 통해 몸과 뇌를 푹 쉬게 할 수 있습니다.

아침에 쬐는 빛은 체내 리듬을 아침형으로 바꿔 줄 뿐만 아니라 밤에 멜라토닌 분비량을 증가시킵니다. 멜라토닌은 '수면 호르몬'이라고 불리는 물질로 보통 새벽에 가장 많이 분비됩니다. 오전 중에 빛을 충분히 쬐 두면 약 12시간에서 15시간 후, 즉 새벽에 멜라토닌이 활발하게 분비됩니다. 아침의 빛은 밤의 수면 스위치를 켜는 역할도 하는 셈입니다.

하지만 빛이 언제나 좋은 영향을 미치는 것은 아닙니다. 가령 밤에 밝은 빛을 쬐면 멜라토닌이 적게 분비돼 오히려 숙면에 방해가 됩니다. 신기하게도 밤의 빛과 아침의 빛은 완전히 반대의 효과를 일으킵니다. '밤의 빛'이라고 하면 현대인에게는 스마트폰이나 컴퓨터에서 나오는 블루 라이트가 있습니다.

스마트폰이 수면에 주는 영향에 대해 수많은 연구가 이뤄졌습니다. 2020년 미국의 과학 잡지 〈Sleep〉에 발표된 한국 연구 그룹의 논문에 따르면 밤에 스마트폰을 사용하면 다음과 같은 문제가 발생합니다.

- **우울증 발생률 상승.**
- **강한 불안감 경험.**
- **대인 관계의 문제 발생률 증가.**
- **인생의 만족도 저하.**
- **죄악감과 자기비판 증가.**

이 결과를 통해 밤에 스마트폰을 사용하면 좋을 것이 하나도 없다는 사실을 알 수 있습니다.

그렇다면 밤에 스마트폰을 보지 않는다면 수면의 질이 좋아질까요? 중국에서 이뤄진 한 연구에 따르면 4주간 스마트폰 사용을 제한한 그룹(19명)과 제한하지 않은 그룹(19명)의 수면의 질을 비교했더니 제한한 경우는 수면 시간이 길어지고 잠들 때까지의 시간이 짧아졌습니다.

그런데 스마트폰을 다른 방에 두거나 전원을 꺼 두면 불안해서 오히려 잠이 오지 않는 사람이 있지 않을까 의심이 듭니다. 스마트폰의 알람 기능을 사용하는 사람이라면 '못 일어나면 어떡하지?', '급한 전화가 오면 어떡하지?' 하며 불안해할 수도 있을 것입니다. 애초에 머리맡에 스마트폰을 꼭 둬야 할 정도로 의존도가 높고 스마트폰이 곧 안정제인 사람들이 적지 않을 것입니다.

스마트폰이 수면에 그다지 영향을 미치지 않는다고 주장하는 이들도 있습니다. 현대의 20대에서 30대 초반의 젊은 사람들은 아마 대부분 자기 전에 스마트폰을 사용할 것입니다. 일본의 리서치 회사인 비디오리서치와 광고 회사 덴쓰의 조사 결과에 따르면 젊은 세대의 수면 시간은 최근 10년간 약 10퍼센트 늘어 약 8시간이라고 합니다. 밤늦게까지 여기저기 다니는 일이 줄고 취침 시간이 빨라졌다는 이유도 있지만 누워서 스마트폰을 보다가 잠들어 버렸을 가능성도 배제할 수 없을 듯합니다.

그럼에도 스마트폰은 안 보는 것이 상책

밤에도 무용지물인 야간 모드

스마트폰에는 야간 모드라는 기능이 있습니다. 밤이 되면 화면이 자동으로 어둡고 따뜻한 색조로 바뀌는 기능입니다. 수면을 방해하고 체내 리듬에 부정적인 영향을 미치는 LED의 블루 라이트를 약하게 만들기 위함이지요. 그러나 최근의 연구 결과를 보면 야간 모드는 숙면과 그리 큰 관련이 없는 듯합니다.

2021년에 발표된 미국 브리검영대학교의 논문에 따르면 야간 모드를 사용한 사용자와 야간 모드를 전혀 사용하지 않은 사용자의 수면의 질에는 차이가 거의 없다고 합니다. 참고로 이 연구에는 아이폰이 사용됐으며 18세에서 24세의 성인을 대상으로 나이트 시프트(아이폰의 야간 모드 기능)를 켠 사용자와 나이트 시프트를 끈 사용자, 자기 전에 스마트폰을 전혀 사용하지 않은 사용자로 그룹을 나눠 실험을 진행했습니다. 참가자들은 8시간 이상을 침대에서 지냈고 웨어러블 기기를 착용해 수면 습관을 기록했습니다. 그 결과 세 그룹 사이에는 수면의 질과 수면 시간에 차이가 나타나지 않았습니다.

다음으로는 평균 수면 시간이 7시간인 그룹과 6시간 미만인 그룹으로 나눠 실험을 진행했습니다. 그 결과 스마트폰을 사용하지 않은 7시간 수면 그룹의 참가자는 스마트폰을 사용한 그룹에 비해 수면의 질이 높았습니다. 6시간 미만 수면 그룹에서는 수면의 질에 차이가 나타나지 않았습니다.

이를 통해 야간 모드가 수면에 그리 큰 영향을 미치지 않으며 스마트폰은 아무래도 꺼 두는 편이 수면의 질을 높이는 데 도움이 된다는 점이 증명됐습니다. 스스로 스마트폰의 영향을 잘 느끼지 못한다고 하더라도 뇌파를 측정해 보면 깊은 수면을 취하는 시간이 줄어드는 등 수면의 질이 나빠졌을 가능성이 있음을 부정할 수 없습니다.

뇌를 각성시키는 부정적인 콘텐츠

그런데 밤에 스마트폰을 사용하면 블루 라이트의 영향보다도 오히려 그 사람의 정신 상태나 즐겨 보는 콘텐츠처럼 인지

불안과 짜증을 잘 느끼는 사람은
인터넷에서 부정적인 정보를 찾기 쉽습니다.
자기 전만이라도 스마트폰의 콘텐츠를 멀리합시다.

적·심리적 자극에 의한 영향이 크지 않을까요?

극심한 스트레스를 받고 있거나 불안과 짜증을 잘 느끼는 사람은 인터넷에서 자신과 관련된 부정적인 정보를 찾기 쉽습니다. 블루 라이트 같은 기기적 요인보다 정신 상태나 콘텐츠의 내용 같은 감정적 요인이 뇌를 각성시켜 숙면을 방해할 가능성도 있을 것입니다.

순식간에 스르르 잠드는 사람은 수면의 깊이가 다소 얕을지 몰라도 정신적으로는 문제가 없으리라고 추측할 수 있습니다. 그러나 수면의 질을 높이고 뇌를 쉬게 한다는 점에서 말하자면 아무래도 자기 전에는 스마트폰을 꺼 두거나 다른 방에서 충전을 하는 등 '알고는 있어도 실천하지 못하는 습관'을 들이는 것이 바람직하다는 결론이 나옵니다.

쉬는 기술

잠들기 전에 스마트폰을 보는 습관을 포기할 수 없으나 수면의 질을 떨어뜨리고 싶지는 않다면 적어도 침대에서 부정적인 콘텐츠를 보지 맙시다.

근육을 이완해
불안증을 잠재우세요

코로나19를 겪으며 사람들의 수면 시간이 다양해졌습니다. 재택근무로 통근 시간이 절약돼 수면 시간이 늘었다는 사람들이 있습니다. 그런가 하면 임상 혹은 조사를 통해 잠을 잘 못 자서 수면 시간이 줄거나 수면의 질이 굉장히 안 좋아졌다는 사람이 있다는 사실도 부각되고 있습니다. 이들에게는 불면증보다 불안증이 더 강하게 작용하는 것이 아닐까 생각합니다.

생각해 보면 이런저런 변화가 덮쳐 오는 시대를 살아가면서 불안을 느끼지 않을 수 없을 것입니다. '회사 혹은 가게의 살림이 악화됐다', '물가는 오르는데 월급은 오르지 않는다', '대규모 해고가 있을지 모른다' 등등 지금뿐만 아니라 앞으로의 경제적·사회적 변화에 따른 불안도 있을 것입니다. 이것이 우리를 잠들지 못하게 하고 수면의 질을 떨어뜨리고 있다 해도 과언이 아닙니다.

불안감이 만드는
한숨도 못 잤다는 착각

이를 뒷받침하듯 최근 수년간 불면증의 토픽은 '수면 상태 오인'입니다. 제가 임상에서 경험한 수면 상태 오인의 사례 가운데 한 50대 여성 환자가 가장 기억에 남습니다. 그녀는 입원 후 늘 불면증을 호소했는데 간호 일지를 확인해 보면 매일 밤 '숙면'으로 기록돼 있었습니다. 제가 당직일 때도 직접 확인해 봤지만 환자는 새벽에도 코를 골며 숙면을 취하고 있었습니다. 하지만 다음 날 본인에게 물어보면 늘 '한숨도 못 잤다'고 대답했지요. '조금 자고 일어났다' 같은 긍정적인 내용은 전혀 없이 늘 '한숨도' 못 잤다고 말했습니다.

구체적인 원인이 무엇인지는 모르겠지만 현대 수면 의학이 생각할 수 있는 수면 상태 오인의 원인이라고 하면 바로 '과각성(Hyperarousal)'이 있습니다. 과각성이란 밤이 되면 뇌가 과도하게 민감해지는 것을 말합니다. 침대에 눕고 나서 각성 중인 짧은 시간 동안 공포와 불안감이 증폭돼 뇌에 입력되고 과각성되는 것입니다. 그리고 과각성된 뇌가 점점 과민해지는 악순환이 일어나는 것이지요. 그 때문에 실제로는 3분 정도밖에 각성하지 않았어도 6시간이나 잠을 자지 못했다는 고통스러운 기억이 남는지도 모릅니다.

과각성에 대해서는 뇌 과학적으로도 유전자적으로도 아직 알려지지 않은 점이 많습니다. 일설에 따르면 'HPA축'이라는 스트레스에 반응하는 호르몬의 구조가 잘못 활성화됐을 가능성도 있습니다.

과각성된 뇌를 곧바로 평온하게 되돌리기는 결코 쉽지 않습니다. 낮 시간의 불안을 완화하는 습관을 들이는 것이 가장 현명한 대처법입니다.

수면 시간은 연령이나 그 사람이 놓인 상황에 따라 개인차가 큽니다. 가령 이미 길게 자지 못하게 된 고령자가 '8시간을 못 자면 병에 걸린다'고 생각한다면 불안감이 더 심해질 것입니다. 하지만 실제로는 고령자의 수면 시간에도 개인차가 커서 적절한 수면 시간을 일괄적으로는 말하기란 어렵습니다.

또한 수면만이 건강을 좌우하는 것도 아닙니다. 종합하면 낮 시간에 건강하고 활발하게 활동할 수 있다면 큰 문제는 없습니다. '짧게 자더라도 건강하게 지낼 수 있다'는 말처럼 과학적으로 유해성이 증명되지 않은 극단적인 사고방식은 바람직하지 않지만 자신에게 잘 맞는 습관을 들이는 유연성도 중요합니다.

점진적 근이완법으로
몸과 마음의 긴장 풀기

밤에 할 수 있는 과각성 대책은 '긴장 풀기'입니다. 요가와 스트레칭이 이에 해당합니다. 또한 '점진적 근이완법'도 있습니다. 불면증 치료에 자주 활용하는 방법입니다.

점진적 근이완법은 박사 에드먼드 제이콥슨이 1920년에 고안한 방법으로 신체 근육을 80퍼센트 정도의 힘으로 4초 동안 긴장시킨 다음 한 번에 힘을 빼고 10초 정도 이완시키기를 반복하는 것입니다. 이 과정에서 근육이 이완될 뿐 아니라 뇌 신경계의 긴장도 함께 풀립니다.

점진적 근이완법의 기본 자세와 동작

등받이에 기대지 않은 채로 의자에 앉아 손은 편안하게 무릎 위에 올려 두고, 다리는 어깨 너비로 벌리며, 발바닥은 바닥에 붙입니다. 다음의 설명을 따라 각 부위에 5초 동안 힘을 줘 긴장시키고 다시 힘을 툭 빼며 몸의 감각을 차분하게 느낍니다.

- 손: 양 손바닥이 위를 향하게 둔 다음 엄지손가락을 안으로 접고 주먹을 꽉 쥔다. → 편안하게 손을 펼치며 감각을 느낀다.

- 팔: 주먹을 쥐면서 팔을 구부린 후 주먹을 어깨로 가져가 힘을 준다. → 힘을 툭 빼고 손을 무릎으로 가져가며 힘이 빠지는 것을 느낀다.

- 등: 앞서 설명했듯이 양팔을 구부린 뒤 바깥 방향으로 벌리고 견갑골을 서로 맞댄 후 힘을 준다. → 힘을 툭 뺀다.

- 어깨: 양쪽 어깨가 귀와 가까워지도록 끌어올리고 목을

움츠리듯이 힘을 준다. → 힘을 툭 뺀다.

- 목: 턱을 가슴 가까이 내리고 목덜미를 늘린다. → 고개를 천천히 들어 머리를 뒤쪽으로 젖힌다. → 앞으로 머리를 숙이고 힘을 뺀다.

- 얼굴: 눈을 감고 입을 다문 채로 얼굴을 움츠린다. → 천천히 힘을 빼며 입이 열릴 때까지 얼굴을 이완시킨다.

- 복부: 배를 쭈그러뜨린 후 손을 대고 그 손이 튕겨 나오도록 복근에 힘을 준다. → 힘을 뺀다.

- 다리: 의자에 깊숙이 앉아서 발끝과 무릎이 수평이 되도록 양발을 앞으로 뻗고 힘을 준다. → 힘을 뺀다.

- 허벅지: 발끝을 위로 구부리고 양발을 뻗어 허벅지에 힘을 준다. → 힘을 뺀다.

- 전신: 앞에서 안내한 순서로 힘을 주고 천천히 힘을 뺀다.

긴장은 매일 푸는 것이 중요한데 불안감을 많이 느끼는 사람의 경우 즉효성이 없다는 점 때문에 오히려 더 불안해지기도 합니다. 효과가 곧바로 나타나지 않는다는 점을 이해하고 나서 지속해 봅시다.

물론 요가나 스트레칭도 좋습니다. 다시 반복하지만 중요한 것은 곧바로 효과가 나타나지 않아도 불안해하지 않고 지속하는 것입니다. 적어도 2개월에서 3개월은 꾸준히 해 보는 것을 추천합니다.

쉬는 기술

점진적 근이완법은 푹 자지 못하는 듯한 불안감이 계속될 때 시도하면 좋은 긴장 풀기의 한 방법입니다.

20분에 한 번씩
5미터 밖을 보세요

컴퓨터와 스마트폰을 사용하는 시간이 원래도 길었는데 코로나19를 겪으며 더 길어졌다는 사람이 많을 것입니다. 대면 만남이 줄고 온라인 업무가 늘어났기 때문이지요.

디스플레이로 인한 피로는 일본에 컴퓨터가 도입된 쇼와 시대에도 있었습니다. 'VDT(Visual Display Terminals) 증후군'이라는 이름으로 화제가 됐는데 지금은 그에 비할 수 없을 정도로 피로가 더 심해졌습니다.

눈 건강을 적극적으로
챙겨야 하는 디지털 시대

각종 디지털 업무로 장시간에 걸쳐 컴퓨터나 스마트폰 화면을 보면 눈에 자극이 갈 뿐만 아니라 안구 건조가 유발됩니다. 스크린을 볼 때 우리가 눈을 깜빡이는 횟수는 평소보다 무려 50퍼센트 이하까지 줄어듭니다. 눈을 크게 뜬 상태가 50퍼센트나 늘어나면 눈물이 증발하면서 눈이 건조해질 수밖에 없지요.

'눈의 피로'란 조금 쉬거나 수면을 취하면 회복되는 정도의 피로를 말합니다. 눈이 혹사당한 상태를 말하지요. 하지만 쉬거나 자도 나아지지 않는 심한 상태는 '안정 피로'라고 부릅니다. 눈이 혹사당했을 뿐 아니라 두통이나 신경통, 구토감, 불면증 같은 다른 증상이 동반되는 상태입니다. 이렇게 되지 않기 위해서라도 눈을 지키는 습관을 들여야 합니다.

또한 지금의 스크린 화면은 과거 브라운관과 액정의 형태와는 다릅니다. 대부분 발광 다이오드, 즉 LED 화면이지요. LED는 블루 라이트라는 460나노미터의 파장 성분을 갖는 빛을 발합니다. 블루 라이트는 다른 파장의 빛보다 강한 에너지를 갖습니다.

이 블루 라이트는 망막을 통해 뇌에 들어가 체내 시계를 담당하는 '시교차 상핵'이라는 부위에 작용합니다. 밤에 블루 라이트에 노출되면 수면의 질이 떨어지는 이유입니다. 또한 블루 라이트에 노출되는 시간이 길어지면 동공이 수축되기 때문에 눈 근육이 혹사당할 뿐 아니라 머리, 어깨 등 다른 부위의 통증이 동반됩니다.

블루 라이트 차단 안경보다 효과적인 피로 완화 법칙

컴퓨터 작업으로 생긴 안구 피로를 완화하는 효과적인 대처법이 있습니다. 미국 안과학회가 장려하는 '20, 20, 20 법칙'입니다. 20분마다 20초씩 휴식을 취하며 20피트(약 6미터) 떨어진 곳을 보는 습관을 말합니다.

피트는 우리에게 친숙하지 않은 단위입니다. 게다가 6미터보다는 5미터가 딱 떨어지지요. 때문에 '20, 20, 5 법칙'이라고 기억하는 편이 더 쉬울 것입니다.

컴퓨터로 작업할 때는 20분에 한 번씩 화면 밖의 다른 곳을 봐야 눈이 피로해지지 않습니다. 컴퓨터 화면에 '20, 20, 5'라고 적은 메모를 붙여 두면 습관을 들이기 좋을 것입니다.

그런데 5미터 너머에 볼 만한 것이 특별히 없는 경우에는 어떻게 해야 할까요? 반드시 5미터 앞이 아니라 책상이나 자리 주변을 봐도 좋으니 관엽 식물을 두거나 가족 혹은 반려동물같이 친숙한 존재의 사진을 가까이 두는 것을 추천합니다. 자율 신경의 균형치가 낮아져 긴장이 풀어지는 효과가 있다고 합니다.

블루 라이트에 대한 대책으로 가장 효율적인 방법은 블루 라이트 차단 안경입니다. 이 안경을 끼면 눈을 다른 곳으로 돌리지 않고도 계속 일할 수 있습니다. 저도 작업할 때는 블루 라이트를 차단해 주는 오래된 안경을 사용합니다.

하지만 미국 안과학회에 따르면 블루 라이트 차단 안경의 효과가 부분적이거나 거의 없다는 주장의 계통적 리뷰가 있습니다. 논문보다 근거 수준이 높지요. 아이에게는 블루 라이트 차단 안경이 효과가 없을 뿐더러 이것이 뇌와 신체 발육에 나쁜 영향을 초래한다는 견해도 일본 안과학회, 일본 안과의회, 일본 근시학회, 일본 약시사시학회, 일본소아안과학회, 일본 시능훈련사협회를 통해 공표됐습니다.

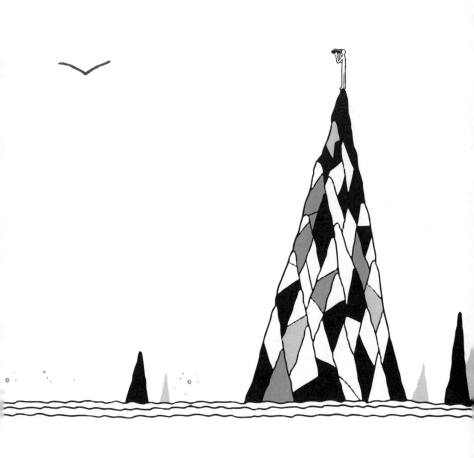

컴퓨터로 작업할 때는 20분에 한 번씩
화면 밖을 봐야 눈이 피로해지지 않습니다.

바지런하게 눈을 쉬게 하는 것보다 눈 건강에 더 좋은 방법은 없습니다.

쉬는 기술

20분마다 20초간 방구석의 식물에 시선을 주기만 해도 눈뿐만 아니라 마음까지 편안해집니다.

컴퓨터 화면의 높이를
조절하세요

일본인 4명 중 1명은 요통으로 고생한다고 합니다. 집에서도 사무실에서처럼 똑같이 일하고 싶다면 앉는 자세와 책상, 의자 같은 작업 환경에 신경 써야 합니다. 그러지 않으면 몸에 허리 통증을 비롯한 성가신 문제들이 발생합니다.

회사에는 작업하기 좋은 업무용 책상과 의자가 따로 있지만 집에는 이러한 환경이 갖춰져 있지 않은 경우가 많습니다. 애초에 어느 정도 경제적 여유가 있어야 업무 전용 방을 따로 두고 훌륭한 책상과 의자를 마련할 수 있지요. 부적절한 자세로 일하거나 너무 오래 앉아 있다 보니 몸 이곳저곳에 불균형이 생깁니다.

집에서 컴퓨터 작업을 하면 건강에 안 좋은 또 다른 이유가 있습니다. 사람들은 대부분 집에서 노트북을 사용합니다. 이때 몸을 약간 움츠리고 앞으로 기울이게 되지요. 화면과 시선이 이루는 각도 때문에 등이 고양이처럼 둥글게 휘면서 일자 목이 되기 쉬워집니다.

'일자 목'은 본래 완만한 곡선을 그려야 하는 '경추'라는 뼈가 몸이 앞으로 기울어지면서 곧게 뻗어진 상태입니다. '곧게 뻗었다'고 말하면 보통 좋은 의미로 받아들여지지만 경추는 곡선을 그려야 이상적입니다. 이 곡선이 곧게 펴지면 목 통증과 함께 어깨 결림, 두통 같은 증상이 나타납니다. 그래서 앞으로 구부린 자세를 취할 때는 머리를 늘 위로 끌어올려야 하지요. 그러지 않으면 목부터 어깨까지 근육을 사용하게 돼 몸이 결릴 수밖에 없습니다.

하지만 더 큰 문제는 화상 회의를 할 때의 자세입니다. 화상 회의 할 때를 떠올려 볼까요? 어떤 특정 작업에 몰두하는 것이 아니기 때문에 몸을 뒤로 젖힌 채로 앉거나 반대로 앞으로 숙이는 사람이 많을 것입니다.

몸을 뒤로 젖히며 앉는 자세는 허리 통증의 큰 원인입니다.

이 자세를 지속하면 허리와 등 근육이 아래쪽으로 점차 휘어집니다. 등과 허리 근육이 늘 활동하는 상태가 되면 목부터 허리에 걸쳐 나른함과 통증이 발생합니다. 또한 '추간판'이라고 부르는 추간 연골에 압력이 지속적으로 가해지다가 추간판이 튀어나와 신경을 압박하면 이른바 '추간판 탈장'이 일어납니다. 요통뿐만 아니라 허벅지부터 무릎 아래, 발에 걸친 저림과 통증을 동반하는 아주 고통스러운 병입니다.

시선의 각도를 개선해야
자세가 개선됩니다

여기서는 간단한 대책을 소개해 보겠습니다. 노트북을 사용한다면 노트북 아래에 책을 깔아 컴퓨터 화면과 시선의 각도를 맞추는 것이 좋습니다. 이런 시도만으로도 자세가 많이 개선됩니다. 제가 오랫동안 도움을 받고 있는 카이로프랙틱 전문가 이토 토모카즈에 따르면 전문가들은 옛날부터 전화번호부를 컴퓨터 모니터 아래에 두고 스탠드 대신 사용했다고 합니다.

사무실과 집에서 데스크톱 컴퓨터를 사용하는 것이 가장 이상적이지만 그러기 위해서는 비용도 들고 공간도 필요합니다. 출장을 가거나 외출한 곳에서 노트북으로 일하는 경우도 늘어나고 있지요.

저는 집이나 사무실에서는 데스크톱 컴퓨터를 사용하지만 출장을 갔을 때는 비즈니스 호텔이나 카페에서 휴대용 접이식 노트북 스탠드를 사용합니다. 노트북 스탠드를 사용하면 자세가 훨씬 개선됩니다. 그렇게 비싸지 않으니 사용해 본 적 없는 분들은 꼭 시도해 보세요.

쉬는 기술

컴퓨터로 작업할 때는 쉬는 시간을 맞이할 때마다 자신의 몸이 앞으로 기울어 있지는 않았는지, 화면과 시선의 각도가 잘 맞는지 점검해 봅시다.

앉기와 서기를
반복하세요

몸에 피로가 쌓이는 원인으로 우선 자세에 대해 이야기했습니다. 그런데 앉아 있는 시간이 너무 길면 자세를 아무리 똑바로 해도 몸에 부담이 갑니다.

여러분은 하루에 앉아 있는 시간이 얼마나 되나요? 2011년에 발표된 세계 20개국의 평균 앉아 있는 시간을 조사한 결과 일본과 사우디아라비아가 420분(7시간)으로 나란히 가장 길었습니다. 집에서 일하는 시간이 늘어난 팬데믹 이후에는 이보다 더욱 길어졌을 가능성이 큽니다.

하루 종일 책상 앞에 앉아서 일한다고 해도 회사에 출근하면 회의나 미팅을 위해 회의실이나 면담실로 이동할 일이 생깁니다. 다른 부서에 용건이 있을 때는 엘리베이터나 계단으로 이동할 기회도 있겠지요.

하지만 재택근무를 하면 화장실에 가거나 마실 것을 가지러 부엌에 가는 정도밖에 볼일이 없어 자신도 모르게 의자에 계속 앉아 있기 쉽습니다. 자칫하면 늦은 시간까지 의자에 앉아 컴퓨터로 영상을 보기도 할 것입니다.

너무 오래 앉아 있거나 계속 앉아 있는 것을 의미하는 영어 단어로 'Sedentary'가 있습니다. 아무리 편하고 훌륭한 의자라고 해도 너무 오래 앉아 있거나 계속 앉아서 지내는 생활 양식은 건강을 해칠 뿐 아니라 일의 성과에도 백해무익합니다. 허리를 아프게 하지 않는 앉은 자세란 없습니다.

허리의 무리를 더는
앉기의 노하우

시드니대학교 연구 그룹은 45세 이상의 성인 22만 명의 데이터를 분석한 결과 하루 11시간 이상 앉아 있는 사람의 총 사망 위험은 4시간 미만으로 앉아 있는 사람에 비해 40퍼센트

오래 앉아 있는 습관은 건강뿐 아니라
일의 성과에도 좋지 않습니다.
주기적으로 자리에서 일어나 보세요.

나 높다는 것을 밝혀냈습니다. 약 6만 명의 일본인을 8년 조금 안 되는 시간 동안 추적 조사한 교토부립의과대학교 연구 팀에 따르면 하루 중 앉아 있는 시간이 2시간 늘어날 때마다 사망률이 15퍼센트 증가한다고 합니다(2021년 발표). 그 밖에도 앉아 있는 시간이 1시간 늘어날 때마다 암으로 인한 사망 위험이 16퍼센트 상승한다는 연구 결과도 있습니다. 너무 오래 앉아 있거나 계속 앉아 있는 것이 얼마나 유해한지 보여 주는 연구 결과는 이 밖에도 수없이 많고 그 결과는 의심할 여지가 없어 보입니다.

이와 같은 영향으로 최근 서서 일할 수 있는 스탠딩 데스크의 인기가 높습니다. 가격대가 다양하고 온라인으로도 구매할 수 있습니다.

다만 오해하지 말아야 할 것은 서서 일한다고 해서 건강해지지는 않는다는 점입니다. 제 동료이자 와세다대학교 스포츠 과학 학술원의 교수이며 'Sedentary'와 건강에 관한 세계적 권위자인 오카 코이치로에게 직접 들은 바에 따르면 스탠딩 데스크의 이점은 어쩔 수 없이 스쿼트 운동을 할 수밖에 없다는 점뿐이라고 합니다.

앉은 자세는 편하기 때문에 계속 지속할 수 있습니다. 다만 일상생활에서의 선 자세를 생각해 봅시다. 자연스럽게 높은 곳에 있는 물건을 잡거나 걷거나 쪼그려 앉는 동작을 떠올리게 됩니다. 이 움직임들은 다리의 혈액 순환이 원활해지게 할 뿐만 아니라 근력을 유지해 줍니다.

너무 오래 앉아 있거나 계속 앉아 있는 것이 건강에 좋지 않다는 사실은 분명합니다. 또한 계속 서 있는 것 역시 좋지 않습니다. 스탠딩 데스크를 사용해서 서거나 앉는 동작을 늘릴 수 있다면 건강을 유지하는 데 큰 도움이 될 것입니다.

쉬는 기술

오래 앉아 있기는 백해무익합니다. 앉기와 서기를 반복할 수 있는 움직임을 늘려 봅시다.

회의의 컨디션을 높이는 필수 조건, 대면

줌 피로 가운데 가장 느끼기 쉬운 피로는 뭐니 뭐니 해도 '영상 피로'입니다. 당연하게 여겨질 수 있지만 이 피로감의 원인은 바로 '현실과의 부조화'입니다.

화상 회의를 하면 사람들의 얼굴이 화면에 죽 나옵니다. 다양한 표정을 짓고 있는 회의 참여자들의 얼굴이 스크린에 배열돼 한눈에 들어옵니다. 수많은 사람의 표정을 동시에 읽는 것은 매우 피곤한 작업입니다.

그렇다고 지금 말하고 있는 사람의 얼굴만 확대해서 보는 것이 더 나은가 하면 그렇지도 않습니다. 스탠퍼드대학교 커뮤니케이션학부의 교수 제러미 베일렌슨에 따르면 확대된 표정은 보는 사람에게 무의식중에 압박감과 공포심을 준다고 합니다.

또한 뇌파를 이용하는 뇌 과학 분야에서는 사람의 얼굴을 실제로 볼 때와 온라인에서 볼 때 친밀함에 대한 뇌 활동이 다르게 나타난다는 사실을 최근 연구를 통해 밝혔습니다.

독일 예나의 프리드리히실러대학교 연구 그룹은 친근감에 대한 뇌 내 시그널이 어떻게 변화하는지 조사하기 위해 실험 참가자들이 다양한 얼굴을 보기 전과 후에 뇌파를 측정했습니다. 그 결과 친근감은 다른 사람의 얼굴을 보고 약 400밀리초 후에 나타나는 뇌파 신호의 강도와 관련이 있고, 뇌파 신호는 온라인보다 실제로 대면할 때 더 강했습니다. 온라인으로 만날 때는 실제로 만날 때보다 소통에서 가장 중요한 마음의 움직임, 즉 공감이 결핍된다는 증거입니다.

온라인 회의는 효율적이지만 실제 회의 때처럼 분위기를 끌어올리거나 구성원 간의 일체감, 공동 작업성을 높여 주지는 못하는 듯합니다.

4장

삶의 균형을 잡아야 멀리 갑니다

내 삶을 되찾는 기술

☕ 당신은 제대로 쉬고 있나요?

- ☐ 일이 급하면 한 시간이고 두 시간이고 연달아 일한다.

- ☐ 바쁘면 쉬는 시간을 줄이거나 식사 시간을 미루는 것이 당연하다고 생각한다.

- ☐ 업무 도중 잠시 휴대폰을 들여다보는 것이 휴식의 전부다.

- ☐ 휴가 일정을 프로젝트 일정에 맞춘다.

- ☐ 내가 쉬면 회사와 동료에게 민폐를 끼칠까 봐 휴가를 쓰지 못한다.

- ☐ 재택근무를 하는 날에는 하루 종일 집 밖으로 나가지 않고 옷도 갈아입지 않는다.

- ☐ 휴일에는 내가 하고 싶었던 것을 하기보다 가족이나 친구들이 하자는 대로 따른다.

· 하나라도 체크했다면 당신에게는 쉬는 기술이 필요합니다.

작은 휴식과 큰 휴식을
조합하세요

우리는 참 혹독한 환경에서 일합니다. 오랜 시간 앉아 있어야 하느라 허리에 통증이 생기고, 컴퓨터 빛에 오랫동안 혹사당하느라 눈은 늘 피로하며, 한 번에 여러 가지 일을 처리하느라 집중력이 저하되고, 일과 생활 사이의 경계가 모호합니다. 이 같은 업무 환경에서 지속 가능하게 일하려면 무조건 휴식을 취해야 한다는 사실을 누구나 알고 있을 것입니다. 하지만 바쁘다는 이유로 쉬지 못하고 일만 하는 사람이 참 많습니다.

디지털 전환 시대에 들어선 후 일하는 방식이 다양해지면서 제대로 된 휴식을 취하기가 더 어려워졌다는 데 많은 사람이 깊이 공감할 것입니다. 가령 회사에 출근할 때와 재택근무할 때를 떠올려 봅시다. 회사에서는 상사와 동료의 시선 때문에 좀처럼 편안하게 있을 수 없습니다. 그래서 적어도 '잠시 책상 앞을 벗어나 쉬어 볼까?', '점심은 밖에서 느긋하게 먹어야지', '편의점에서 마실 거리라도 사 오자' 하며 기분 전환을 위해 행동하게 됩니다. 그런데 재택근무를 할 때는 어떨까요? 집에서 일하면 타인의 시선을 의식하지 않아도 됩니다. 무의식적으로 마음이 편안해져서 책상 앞에 앉은 채 인터넷 서핑을 하는 것이 곧 휴식이 되고는 합니다.

일에 집중하지 못하고 계속 스마트폰을 보거나 인터넷 서핑을 하며 딴짓하는 '한눈팔기 휴식'을 취하다 보면 더더욱 자리에서 일어나 제대로 된 휴식을 취하는 일에 죄악감을 느끼기 쉽습니다. 다른 사람의 눈을 의식하지 않아도 된다는 홀가분함 때문에 회사에서와 달리 마음 편히 있을 수 있지만 집중력뿐만 아니라 제대로 휴식을 취하려는 동기마저 빼앗길 가능성이 있습니다.

하지만 집에서 자신의 속도로 일할 수 있는 사람일수록 의식적으로 쉬어야 합니다. 휴식이 중요하다는 생각만으로는 결국 자리에서 일어나지 못하기 때문입니다. 일을 하는 것인지 쉬는 것인지 모호한 시간이 길어질 수도 있지요. 회사에 출근하면 곧바로 업무가 시작돼 하루 종일 쉬지 않고 일하게 된다는 사람들도 마찬가지입니다. 이런 사람일수록 휴식에 대한 구체적인 규칙을 정해야 생각 없이 계속 일하게 되는 위험을 줄일 수 있습니다.

나에게 맞는
휴식의 타이밍 정하기

몇 분마다 쉬어야 하는지 고민하고 있다면 우선 '작은 휴식'과 '큰 휴식'을 의식해 봅시다. 작은 휴식이란 3분에서 5분 정도의 짧은 휴식을 말합니다. 예를 들면 자리에서 일어나 차를 마시거나 스트레칭을 하거나 멀리 보이는 경치를 감상하는 식으로 잠시 긴장을 풀고 쉬는 시간을 틈틈이 갖는 것입니다.

이것이 바로 25분 동안 일하고 5분 동안 쉬는 대표적인 시간관리법 '뽀모도로 기법'입니다. 뽀모도로 기법에는 시간을 구분지어 강제로 쉴 수 있다는 이점이 있습니다. 또한 성취감을 얻을 수 있고 자기 효능감도 향상됩니다.

작은 휴식은 20분에서 30분에 한 번씩 5분간 취합니다. 그리고 2시간에서 3시간에 한 번은 20분에서 30분 정도의 큰 휴식을 취합니다. 큰 휴식은 오전 중에 한 번, 오후 중에 두 번 정도가 좋습니다.

다만 업무에 시동이 늦게 걸리면 생각 없이 25분이 흘러가 버리기도 하고 이제 막 집중하려는데 휴식 시간이 되기도 합니다. 그렇다고 어중간한 타이밍에 쉬면 다시 일에 몰두하기 어렵다는 단점이 있습니다. 그러므로 자신에게 가장 잘 맞는 방식으로 휴식을 취하는 것이 중요합니다.

날씨가 좋다면 큰 휴식을 취할 때 밖으로 나가 햇볕을 쬐거나 나무와 꽃 같은 자연의 풍경으로 시선을 돌려 봅시다. 바깥 공기를 들이마시며 자연을 느끼는 것은 가장 쉽게 생기를 되찾는 방법입니다.

그 외에도 좋아하는 음악 듣기, 눈 감고 멍하니 있기, 오랜 시간 스트레칭하기도 물론 추천합니다. 재택근무를 하는 경우에는 바닥에 늘 요가 매트를 깔아 두는 것이 어떨까요? 작은 휴식을 취하든 큰 휴식을 취하든 틈틈이 스트레칭할 수 있습니다.

인간이 집중할 수 있는 시간이 30분인지 60분인지 저마다 의견이 분분하고 이에 대해 이런저런 연구 결과들이 발표됐습니다. 그러나 집중력을 유지할 수 있는 시간이나 휴식이 필요한 타이밍은 그때그때의 상태나 작업 중인 일의 성격에 따라 차이가 큽니다. 그렇다면 사람이 한 번에 얼마 동안 집중할 수 있는지는 큰 의미가 없지 않을까요?

휴식을 작은 휴식과 큰 휴식으로 나눠 생각하는 일은 그때그때의 상태나 작업 내용에 좌우되지 않고 보편적으로 실행하기 쉬운 휴식법입니다. 책상 앞에서 언제 끝날지 모를 일을 계속 붙잡고 있느라 집중력이 떨어지는 분들에게 이 방법을 추천합니다.

쉬는 기술

30분에 한 번씩 작게 쉬고 3시간에 한 번씩 크게 쉬어 봅시다. 이때 큰 휴식은 오전에 한 번, 오후에 두 번 갖는 것을 기준으로 삼는 것이 좋습니다.

일의 흐름을
의식적으로 끊으세요

제대로 쉬려면 온과 오프를 분명히 해야 합니다. 오프의 방식은 다양합니다. 여름 방학이나 황금연휴처럼 긴 휴가가 있는가 하면 주말이나 공휴일 같은 하루 단위의 휴일이나 일하는 날에 끼어 있는 쉬는 시간들이 있습니다. 하나같이 빼놓을 수 없는 소중한 휴식이지만 이 중 쉬는 시간, 즉 앞서 살펴본 뽀모도로 기법 같은 작은 휴식들의 중요성이 더 커지고 있습니다.

눈처럼 쉽게 지치는 신체 부위의 피로 회복하기, 너무 오래 앉아 있지 않기, 주의가 산만해지는 것에 대한 대책 세우기 등 휴식의 중요성에 대해서는 이 책 곳곳에서 다루고 있습니다. 적절한 타이밍에 쉬면 작업의 효율을 높일 수 있을 뿐만 아니라 몸과 마음의 건강에도 직접적인 영향을 줄 수 있습니다. 하지만 적절한 타이밍에 휴식을 취하기란 여간 쉬운 일이 아닙니다. 무의식중에 일을 계속하게 되기 때문이죠.

저처럼 휴식 타이밍을 자주 놓치는 분이 많을 것입니다. 그런 분들은 30분에서 1시간에 한 번씩 일하던 자리에서 벗어날 수밖에 없는 구조를 만드는 것이 현실적인 방법입니다.

일을 멈추게 하는
휴식의 전략들

가능하다면 건강한 구조를 만드는 것이 좋습니다. 다음은 제가 직접 실천 중인 현실적인 휴식 구조입니다. 보면 알 수 있다시피 그리 특별하지 않지요.

커피나 차 마시기

일과 궁합이 좋은 것은 역시 커피입니다. 사무실에서 일할 때는 자판기 커피를 마시면 되지만 재택근무가 잦다면 커피

메이커를 사용하거나 바리스타처럼 핸드 드립으로 커피를 내리는 것을 추천합니다. 프렌치 프레스를 사용하는 방법도 있겠지요. 시간은 더 걸리지만 커피 메이커로 커피를 내릴 때보다 맛이 좋습니다. 이렇게 커피를 즐기다 보면 원두에도 취향이 생겨서 좋은 원두를 판매하는 곳에도 관심이 많아집니다.

무엇보다 가루 상태의 원두에 원을 그리듯 뜨거운 물을 붓는 작업은 마음을 안정시키는 데 좋습니다. 이때 사용한 필터는 잘 정리하고 드리퍼와 컵은 깨끗이 씻어 둡시다. 작은 집안일, 특히 설거지 같은 정리 정돈을 할 때는 몸을 가볍게 움직일 수 있어 스트레스 해소에 좋습니다.

집에 커피 메이커와 원두가 없거나 라떼를 좋아하는 사람이라면 편의점에서 커피를 사 와도 좋습니다. 가벼운 산책은 기분 전환에 효과적입니다.

가볍게 운동하기

짧은 시간 동안 가볍게 할 수 있는 운동이라고 하면 굽은 등 펴기, 견갑골 맞대기 정도가 있습니다. 사무실에서 일하는 날에는 시간을 정해 하루에 여러 번 등허리를 곧게 펴거나 양쪽의 견갑골을 서로 맞대 봅시다. 아예 안 하는 것보다 낫지요.

휴식 타이밍을 자주 놓치나요?
커피를 내리거나 주변 사람들과 잡담을 나누는 등
쉴 수밖에 없는 구조를 만들어 보세요.

집에서 일한다면 손쉽게 바로 사용할 수 있는 기구를 두는 것도 방법입니다. 가령 밸런스 보드는 그 위에 올라가기만 하면 되기 때문에 무언가를 시작할 때의 두려움, 이른바 '심리적 장벽'을 낮춰 줍니다. 스트레칭도 좋지만 매번 매트를 깔았다 치우는 것은 귀찮은 일이지요. 골반 교정 쿠션 같은 간이 운동 기구가 있다면 그 위에 앉기만 해도 스트레칭 효과를 얻을 수 있습니다.

주변 사람들과 수다 떨기

쉬는 시간은 동료나 가족과 잡담을 할 수 있는 좋은 기회입니다. 어깨가 뭉쳤다거나 눈이 피곤하다며 밝은 어조로 푸념하는 것도 좋고 점심으로 무엇을 먹을지, 이번 휴가 때 어디로 갈 것인지와 같은 사적인 화제로 수다를 떠는 것도 좋습니다.

인간에게는 '현상 유지 편향'이라고 하는 심리 특성이 있습니다. 하던 것을 계속 유지하고 변화하지 않으려는 특성이지요. 휴식은 쉽고 간단하게 느껴지지만 사실 현상 유지 편향을 거슬러야 하는 귀찮은 일이기도 합니다. 그 때문에 휴식에 대한 심리적 장벽을 낮추는 것이 중요합니다.

틈틈이 휴식을 취하자는 적극적인 마음가짐이나 의식만으로는 현상 유지 편향을 극복할 수 없습니다. 커피를 내리는 즐거움, 미리 기구를 사 둬 바로바로 스트레칭할 수 있게 하는 것 등은 현상 유지 편향을 낮추는 전략이기도 한 셈입니다.

쉬는 기술

커피를 마시거나 가볍게 운동을 하거나 주변 사람과 수다를 떠는 등 일을 멈출 수밖에 없는 나만의 전략을 만듭시다.

1년의 휴가 계획을
미리 짜세요

일과 휴식을 제어하고 개인 시간을 충분히 확보하기 위해 필요한 것은 하루의 리듬뿐만이 아닙니다. 일주일, 한 달, 반년, 1년의 리듬도 매우 중요합니다.

일하는 방식이 다양해지면서 전보다 주말의 감각이 사라진 분이 많을 것입니다. 그런 상태가 계속되면 주말이 쉬는 날이라는 사실을 알면서도 '이 서류를 완성해야 마음이 편하겠어', '좋은 아이디어가 떠올랐어', '인터넷을 하다 보니 잊고 있던 작업이 떠올랐어' 하며 스스로 일을 늘리기 쉽습니다. 이것이 습관이 되면 쉬는 날에 마음 편히 쉴 여유가 사라지고 왠지 모르게 늘 바쁘고 매일이 똑같이 느껴지는 날들이 계속됩니다.

주말에 쉬는 직장에 다닌다면 토요일과 일요일은 의식적으로 평일과 다른 루틴을 만드는 등 한 주의 강약을 조절해 보세요.

일주일, 한 달, 1년의
강약을 조절하기

한 치 앞도 보이지 않는 세상에서는 반년이나 1년의 리듬보다 일주일 혹은 한 달의 리듬에 주의를 기울이는 편이 현실적입니다. 그러나 한 달은 눈 깜짝할 사이에 지나갑니다. 다음 달에 예정된 일들을 이전 달의 말미마다 떠올리는 것은 어떨까요?

한 달을 상순, 중순, 하순으로 나눠 봅시다. 이를테면 '상순에는 이 작업을 끝내야지', '중순에는 신경 써야 하는 행사가 있으니 무리하지 말자', '하순에는 말일까지 끝내야 하는 작업이 있으니 일하는 모드를 유지하자' 하는 식으로 대강의 이미지를 떠올리는 것입니다.

전반과 후반으로 한 달을 나눠도 좋습니다. 주말 단위로 나누는 것이 잘 맞는다면 그렇게 해도 좋습니다. 대개 월말은 바쁘기 때문에 가급적 한 달의 전반부에 일을 진행할 수 있도록 대강의 계획을 세우는 것도 나쁘지 않습니다.

　연간 계획을 면밀하게 세우기 어려운 상황이라면 일조 시간이 긴 3월과 10월 사이에 여행을 가거나 외출하는 시간을 늘리는 것을 추천합니다. 양기가 성한 계절에 바깥 공기를 마시지 않는다는 것은 정말 안타까운 일입니다.

　이는 겨울이 긴 지역에 사는 분이라면 이미 자연스럽게 실천하고 있는 삶의 방식일 것입니다. 제가 유학 생활을 했던 보스턴의 기후는 일본의 홋카이도처럼 날씨가 좋은 기간은 5월에서 7월 정도뿐이었습니다. 이 시기가 되면 사람들은 기회를 놓칠 수 없다는 듯이 외출이나 레저 스포츠를 적극적으로 즐겼습니다. 그리고 밤이 길어지는 11월부터 4월까지의 추운 겨울에는 연구를 하거나 논문을 쓰는 사람이 많았지요.

　한국과 일본은 사계절이 뚜렷합니다. 1년 내내 천편일률적으로 생활하기 쉬운 분들은 계절의 강약을 더 의식해 봅시다.

쉬는 기술

주말의 루틴을 만들어서 일주일의 생활에 강약을 만들어 보세요. 그럼 한 달 동안의 온 오프 계획을 세우기 쉬워집니다.

시간대별로
최소한의 루틴을 만드세요

코로나19를 겪는 동안 재택근무를 했거나 온라인 수업을 들었던 사람에게는 요즘처럼 아침 일찍 일어나 장시간의 통근혹은 통학을 위해 만원 전철에 타는 것만큼 끔찍한 일이 없을것입니다. 하지만 통근과 통학은 몸을 움직일 좋은 기회이기도 합니다. 하루의 리듬을 만들어 주기도 하지요. 또한 사무실에서 일을 하면 다소의 잔업이 있을지라도 결국은 집에 돌아가야 하기 때문에 일에 단락이 지어집니다.

하지만 원격 근무나 온라인 근무를 하면 이런 구분이 사라집니다. 시간의 경과를 측정해 주는 것, 이른바 '타임키퍼'를 잃게 됩니다. 홍수처럼 쏟아지는 정보에 쉴 새 없이 노출되는 현대인은 어떤 식으로 일하든 시간을 구분 지어 주는 타임키퍼가 필요합니다.

예전에는 인기 TV 프로그램에 맞춰 우리의 리듬이 만들어졌다고 해도 과언이 아닙니다. 아침에는 아침 와이드 쇼와 아침 드라마, 낮 시간에는 버라이어티 토크 쇼, 저녁 무렵에는 애니메이션, 저녁 7시에서 9시 사이에는 저녁 뉴스, 9시부터는 드라마와 늦은 시간의 버라이어티 쇼까지.

요즘 세대에게는 생소하겠지만 당시에는 '빨리 일을 끝내고 방송 봐야지!', '저녁밥은 이 프로그램을 보면서 먹어야지' 같은 생각이 흔했습니다. 과거에는 TV가 사람들에게 타임키퍼 역할을 해 줬던 셈입니다.

그러나 요즘은 어떨까요? 아침에도 스마트폰, 점심에도 스마트폰, 저녁에도 스마트폰, 밤에도 스마트폰, 심지어는 새벽까지 스마트폰 삼매경인 사람이 많습니다. 아마도 모든 시간대에 스마트폰을 보는 사람이 적지 않을 것입니다.

일본의 미디어환경연구소인 하쿠호도 DY 미디어 파트너즈의 조사에 따르면 사람들이 하루 동안 스마트폰을 사용하는 평균 시간이 2010년에는 25.2분이었던 데 반해 2022년에는

쉬는 기술

146.9분이 됐습니다. 약 6배나 늘었습니다.

과중 노동을 방지할
단순한 타임키퍼

스마트폰 사용 시간이 늘어나면 눈의 피로, 목과 어깨의 결림, 수면 부족이 수반될 뿐 아니라 하루의 리듬까지 단조로워질 가능성이 있습니다.

사람들은 아침에 일어나면 침대에 누운 채 스마트폰으로 메일을 확인합니다. 세수를 하고 빵으로 대충 아침을 때운 다음 옷도 안 갈아입고 트레이닝복을 입은 채 책상 앞에 앉아 저녁까지 재택근무를 하기도 합니다. 저녁 식사 후에는 다시 일이 신경 쓰여 동료에게 메일을 보내거나 인터넷으로 더 조사를 하기도 합니다. 이렇게 시간을 보내다 정신을 차리면 밤 9시는커녕 자정에 가까운 시간이 돼 있기 일쑤입니다.

최근 들어 이와 같은 '원격 오버 워크'로 인한 우울증으로 병원을 찾는 사람이 늘어나고 있습니다. 이 경우 약물 치료와 동시에 생활 지도를 하거나 회사 측에서 업무를 줄이고 조정해주게끔 중개하는 것이 치료의 골자입니다.

타임키퍼가 없는 디지털 전환 시대의 재택근무자라면 시간 대별로 최소한의 루틴을 정하는 것이 좋습니다. 가령 아침에 일어난 후에는 샤워를 하고 정오에는 점심을 먹고 저녁 6시가 되면 잠옷으로 갈아입는 식으로 말이지요.

이때 중요한 것은 '이것을 꼭 해야 한다'고 의식하는 일이 아닙니다. 의식하지 않았는데도 이미 몸이 움직이고 그것을 하지 않으면 마음이 편하지 않을 정도로 습관을 들이는 자동화 과정이 중요합니다. 자기 전에 이를 닦지 않으면 찝찝하고 마음이 불편해지는 현상이 좋은 예시가 될 듯합니다.

참고로 저는 아침에 일어나서 샤워를 한 후에는 커피를 마시고, 점심에는 반드시 사무실을 벗어나 밥을 먹고, 오후 8시에는 저녁 식사를 하며, 자기 전에는 스트레칭을 합니다. 그리고 휴일이 되면 오후마다 꼭 조깅을 합니다. 이것이 제 루틴입니다.

마음을 굳게 먹어야 할 정도로 무리인 행동은 자동화 과정을 거쳐 루틴으로 자리 잡기 어렵습니다. 단순한 생활 습관을 만드는 것이 좋습니다. 그것을 무슨 일이 있어도 매일, 적절한 타이밍에 실천할 수 있도록 의식해 봅시다. 그러지 않는다면

쉬는 기술

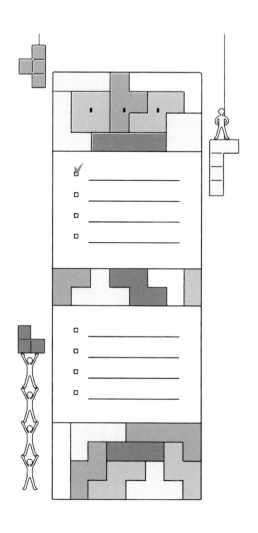

단순한 생활 습관을 만들어 보세요.

일로만 가득 찬 단조로운 하루에 리듬이 생깁니다.

하루 종일 몸이 상할 정도로 일하면서도 성과는 오르지 않은 채 하루를 빼앗길 것입니다.

쉬는 기술

간단하게 시작할 수 있는 습관을 타임키퍼로 정해서 하루의 리듬을 조정합시다.

멈추는 의식만큼
시작하는 의식도 중요합니다

스마트폰, 컴퓨터, SNS의 시대입니다. 언제 어디서든 일할 수 있게 되면서 일과 휴식은 혼연일체가 됐습니다. 이제 '일하는 시간과 쉬는 시간을 확실히 구분하자'는 슬로건이 과거의 것처럼 느껴집니다.

하지만 일하는 방식이 다양해진 지금, 최소한의 전환은 분명 필요합니다. 일과 휴식을 도저히 구분하기 어렵다며 포기해 버리면 앞으로도 비효율적으로 일하거나 자신도 모르는 사이에 제어하지 못할 정도로 과중 노동에 빠질 것입니다.

'쉴 때와 일할 때를 확실히 구분하자'는 말을 들었다고 생각해 봅시다. 보통 '평일의 몇 시부터 몇 시까지는 온, 휴일은 하루 종일 오프'라고 생각하며 온과 오프를 한 덩어리로 구분하기 쉽습니다. 하지만 저는 그렇게 구분하지 않습니다. 마치 화장실에 갈 때와 같은 가벼운 마음으로 하루의 온과 오프를 전환하는 습관을 들였습니다. 디지털 전환 시대에 매우 적합한 방식이지요.

온으로 전환하기 위한 시작의 의식

재택근무를 하는 경우에는 특히 하루의 작은 이벤트를 정해 두고 이를 전환의 계기로 삼으면 효과적입니다. 일상생활에 녹여 낼 수 있는 습관을 생각해 봅시다.

이때 특히 중요한 것은 온으로 전환하는 일입니다.

- **세수 혹은 샤워.**
- **아침 식사.**

위와 같은 아침 루틴 이후에 할 일을 정해 봅시다. 아침의 중요한 이벤트는 뭐니 뭐니 해도 다음의 세 가지입니다.

외출복으로 갈아입기

세수나 샤워, 아침 식사, 양치질을 원래부터 습관처럼 해 온 사람이 많을 것입니다. 사무실로 출근을 해야 한다면 당연히 옷을 갈아입어야겠지요. 그러나 재택근무자에게 옷을 갈아입는 일은 매우 중요한 이벤트입니다.

온라인 회의에 얼굴을 비춰야 할 때나 중요한 일에 착수했을 때 편한 옷 대신 바로 외출할 수 있을 정도의 옷차림으로 갈아입으면 기분을 온으로 전환하기 쉽습니다. 아주 중요한 일이 예정돼 있다면 집에서 일을 하더라도 정장으로 갈아입는 것도 좋습니다.

"시작해 보자"라고 소리 내어 선언하기

가족과 함께 산다면 일을 시작하기 전에 "지금부터 일 시작해요"라고 말해 두는 것도 좋습니다. 이는 가족들이 행동하기 쉽게끔 배려하는 동시에 자기 스스로 의식할 수 있게 하기 위한 행동입니다. 혼자 살더라도 소리를 내서 "자, 시작해 볼까?"라고 선언해 봅시다. 조금 부끄러울지 몰라도 온으로 분명히 전환할 수 있는 루틴입니다.

밖으로 나가 햇빛 쬐기

온으로 전환하는 또 다른 방법은 빛입니다. 그중에서도 가장 이상적인 빛은 햇빛입니다. 아쉽게도 실내의 빛은 체내의 시계를 리셋하기에는 역부족입니다. 한 연구에 따르면 사무실의 형광등은 아주 밝은 듯 보여도 각성시키는 효과나 기분을 고양시키는 효과는 없습니다.

날씨가 좋다면 오전 중에 산책을 하거나 쓰레기를 버리러 나가거나 편의점에서 쇼핑을 해 봅시다. 이처럼 가볍게 외출하는 방법이 가장 좋습니다.

문제는 흐리거나 비가 오는 등 날씨가 좋지 않을 때입니다. 스마트폰에서 나오는 블루 라이트도 괜찮지 않을까 생각하기 쉽지만, 한 연구에 따르면 아침부터 갑자기 스마트폰을 보면 빛뿐만 아니라 건강을 해치는 요소에 노출될 가능성이 높습니다. 대표적인 예시로 스마트폰 의존증이 있지요.

미래에는 블루 라이트보다 파장이 짧은 자외선을 응용할 수 있으리라고 기대됩니다. 블루 라이트에 비해 근시의 진행을 억제할 수 있다는 가능성이 있지요. 그 밖에 자외선을 선택적으로 통과시키는 렌즈도 이미 출시된 바 있습니다. 자외선 상품은 앞으로도 계속 주목할 필요가 있습니다.

또한 온라인 마켓에서 '광요법'이라는 단어로 검색하면 수많은 광요법 장치를 둘러볼 수 있습니다. 제가 연구실에서 사용하는 '루체 글라스'나 클리닉에서 수면 각성 장애나 계절성 우울증 치료에 사용하는 '브라이트 라이트 ME+'는 다소 비싸고 의료용이지만 빛에 의한 체내 시계를 조정하는 효과가 큰 기기입니다.

이 밖에도 의료용 기기만큼 효과가 뛰어나지는 않지만 저렴한 것이 많습니다. 방의 조명이 어두워서 고민이라면 시도해 볼 가치가 있다고 생각합니다.

방의 불빛을 밝히기

겨울의 일조 시간이 짧고 날이 흐리며 눈이 많이 와서 아침에도 어두운 지방에 산다면, 혹은 산그늘이 지는 곳에 산다면, 아침에 방의 조명을 밝혀 두는 것이 좋습니다. 겨울에만 활동성이 저하되는 계절성 우울증까지는 아니더라도 겨울에 기분이 울적해지고 의욕이 떨어져서 고민이거나 컨디션이 생각만큼 좋지 않은 사람이 적지 않습니다. 이런 지역에 사는 사람들

중 잠을 푹 자지 못하거나 낮 동안 일의 성과가 생각만큼 나오지 않는다면 아침에 방을 밝게 밝혀 두는 것을 추천합니다.

옷 갈아입기, 인사하기, 조명 밝히기.

이 세 가지를 통해 하루의 온과 오프를 전환해 봅시다. 그 밖에도 음악을 듣거나 커피를 마시는 등 저마다 온과 오프를 전환해 주는 스위치가 있을 것입니다.

쉬는 기술

온으로 바꾸는 스위치를 정해 두면 하루의 피로가 줄어들 뿐 아니라 오프 상태로 전환하기도 쉬워집니다.

나를 위해 아무 일정도
만들지 마세요

여러분은 언제 피로를 느끼나요? 제가 가장 피곤할 때는 화요일입니다. 아침부터 밤까지 수업과 면담, 회의가 빽빽하게 채워져 있기 때문입니다. 신기한 점은 몸을 거의 움직이지 않은 날에도 밤이 되면 녹초가 된다는 사실입니다.

조금 지난 이야기지만 모든 수업을 온라인으로 진행했던 2020년의 어느 날 스마트폰의 '건강' 앱에서 그날의 걸음 수를 확인했습니다. 고작 30보밖에 되지 않아 스스로도 기가 찼던 기억이 있습니다.

'이렇게나 안 움직였는데 왜 이렇게 피곤한 거지?'

피로의 원인은 지친 뇌와 정신적 스트레스였습니다. 피곤한 몸을 쉬게 하고 병을 치료하며 부상을 회복하는 것이 목표인 몸의 휴식만으로는 충분하지 않다는 뜻이었지요.

일 문제나 가족 문제, 인간관계 등으로 인한 정신적 스트레스는 '감정 피로'라고도 불립니다. 마음의 건강을 무너뜨릴 수 있을 정도로 큰 관심사입니다.

더욱이 온라인 업무량이 많은 디지털 전환 시대에는 인지 부하로 인해 뇌가 훨씬 큰 피로를 느낍니다. 디지털 전환 시대에 마음의 휴식은 뇌의 휴식과 거의 같은 의미이기도 합니다. 정신적 스트레스로 인한 피로를 경감하고 회복시켜 주는 마음의 휴식이 현대인에게 더욱더 중요해지고 있습니다.

사람에 따라 스트레스에 대한 내성이 다르기 때문에 정신적인 피로는 육체적인 부상과 다르게 알아차리기 어렵습니다. 늘 밝은 미소를 지으며 건강해 보였던 사람이 언제부턴가 아침마다 잘 일어나지 못한다거나 갑자기 슬퍼져 눈물이 멈추지 않는 경우가 있습니다. 정신적 피로는 자신만이 알 수 있고 심지어는 스스로도 자신의 상태를 알 수 없는 경우도 있습니다.

아무리 쉬어도 스트레스가 해소되지 않는다면
마음을 들여다볼 때입니다.

그렇다면 마음의 휴식은 구체적으로 어떻게 가져야 할까요? 여기서 몸의 휴식도 마음의 휴식도 아닌 제3의 휴식법이 중요해집니다. 제3의 휴식법이 곧 마음의 휴식으로 이어지기 때문입니다.

몸의 휴식과 마음의 휴식에 이은 세 번째 휴식법은 '나를 위한 휴식'입니다. 몸과 마음에 문제가 없더라도 일에서 벗어나 나를 위한 시간을 만드는 것 그 자체가 목적이지요.

의무감 없이
마음 내키는 대로

- 평소 하지 못했던 것을 하기.
- 평일에는 갈 수 없는 곳에 가기.
- 아무 일정도 만들지 않기.

의무감을 느끼며 무언가를 하기보다는 몸과 마음이 편히 쉴 수 있게 허덕거리지 않고 마음 가는 대로 지내 봅시다. 이것이 바로 나를 위한 휴식입니다. 어떻게 시간을 보내든 자유입니다.

일이나 일정이 없으면 왠지 모르게 불안한가요? 그렇다면 자신이 좋아하는 일정을 만들어도 좋습니다. 나를 위한 휴식에서 중요한 것은 모든 것을 스스로 제어할 수 있다는 사실입니다. 누군가에게 맞춰 주는 마음 씀씀이는 이 휴식법에서 좋지 않습니다.

그럼에도 하루 종일 나를 위해 쉬는 것이 어렵다는 사람도 많을 것입니다. 몇 시간만이라도 타인에게 간섭받지 않고 불만을 들을 필요도 없으며 자유롭게 지낼 수 있는 시간을 가져봅시다. 이러한 휴식이 마음을 위한 휴식이 되기도 하기 때문입니다.

몸의 휴식과 마음의 휴식과 나를 위한 휴식 중 오히려 나를 위한 휴식이야말로 디지털 전환 시대에 더 취하기 쉬울지도 모릅니다. 각자의 일상생활과 스케줄을 다시 한 번 들여다봅시다.

일주일에 두세 시간이라도 좋습니다. 우선은 오후에 일정을 만들지 않는 것부터 시작해 보는 것은 어떨까요?

쉬는 기술

나를 위한 시간을 즐기는 방식의 휴식법은 뇌의 피로와 스트레스를 씻어 냅니다.

휴가 일정은
눈치 보지 말고 정하세요

'자기 효능감'이라는 개념이 있습니다. 영어로 'Self Efficacy'라고 하지요. 자기 효능감은 학습이나 커리어뿐만 아니라 건강과 의료 분야에서도 중시합니다. 스탠퍼드대학교에서 오랫동안 심리학 교수를 지내고 미국심리학회장을 역임한 박사 앨버트 반두라에 의해 제창된 개념입니다.

앞에서 설명했듯이 자기 효능감이란 쉽게 말해 '나는 할 수 있다', '나라면 할 수 있다'고 생각하는 것입니다. 사람은 '할 수 있을 것 같다'고 느낄 때는 적극적으로 행동하지만 '어차피 잘 안 되겠지'라고 생각할 때는 행동이 위축되고 동기 부여가 잘

되지 않습니다. 우리가 긍정적으로 일하기 위해서는 자신의 행동에 의미가 있다는 사실을 기뻐할 수 있고 일의 결과가 좋았다고 느낄 수 있는 자기 효능감이 중요합니다. 헌데 이 개념은 사실 일에서뿐만 아니라 휴식에서도 중요합니다.

과거에 휴일이 적었던 일본도 지금은 공휴일이 연간 16일씩이나 지정돼 '10일 전후'라는 세계 평균치보다 휴일이 많은 나라가 됐습니다. 주말과 공휴일, 연말연시, 황금연휴처럼 정해진 휴일이 있는 것은 그렇지 않은 것보다 감사한 일이지요. 하지만 관점을 바꿔 생각해 보면 일본에는 나라가 정한 휴일이 너무 많습니다.

연말연시, 황금연휴에는 사람들이 일제히 외출을 합니다. 최근에는 그나마 인파가 분산되고 있다고는 하지만 어딜 가든 사람들로 아주 번잡합니다. 레저를 즐기러 가려고 해도 성수기에는 비용이 훨씬 커집니다. 일본에서는 공휴일을 월요일로 이동시켜 주말까지 총 3일 연휴를 만드는 제도 '해피 먼데이' 때문에 월요일로 공휴일이 집중되고 있습니다. 이 때문에 월요일에 중요한 일이 있는 사람은 오히려 손해를 볼지도 모릅니다.

공적으로 정해진 휴일에 쉬기보다 평일 혹은 개인적인 행사가 있을 때 쉬고 싶은 사람도 있습니다. 아이가 아프거나 가족에게 문제가 생겼을 때 유연하게 쉬고 싶은 사람도 있지요. 이처럼 휴일에 대한 니즈가 개별화되고 있습니다. 앞으로는 내 마음대로 쉴 수 있다는 점이 중요해질 것입니다.

휴식의 질을 높이는 자기 효능감

'유급 휴가를 쓰기 쉬워졌으니 이제 다 해결된 것 아닌가요?'라고 말하는 사람도 있을지 모릅니다. 하지만 자신이 원하는 시기에 유급 휴가를 써서 마음 편히 즐겼던 기억이 있나요? 2021년 후생노동성의 조사에 따르면 일본의 유급 휴가 사용률은 58.3퍼센트에 불과합니다. 게다가 유급 휴가 사용률이 높은 업종과 낮은 업종 사이에는 약 40퍼센트나 되는 차이가 있습니다.

최근에는 유급 휴가를 소화하지 않으면 노동 기준 감독 부서에 눈도장이 찍히기 때문에 무리해서 휴가를 쓰게 하는 회사도 있다고 합니다. 휴가를 준다니 고마운 일이지만 정신적인 면에서의 효과를 생각하면 타인에게 지시를 받아 쉬는 일은 그다지 좋지 않습니다. 앞서 언급했던 자기 효능감을 잃어 버리기 때문입니다.

국가나 회사가 정하게 내버려 두지 말고 스스로 정해서 선택해야 자기 효능감이 높아집니다. 덴마크의 예방건강연구센터의 한 연구 그룹이 7,931명에게 휴일을 보내는 방법과 자기 효능감 같은 심리 특징 사이의 관계에 대해 조사한 결과, 자기 효능감이 낮은 사람은 휴일의 여가 시간에 앉아 있는 시간이 긴 경향이 있었습니다. 이 연구에 따르면 내향적인 심리 특성이 낮은 자기 효능감과 깊은 관련이 있다고 합니다. 유급 휴가를 자유롭게 사용할 수 없고 내가 쉬면 다른 사람에게 민폐를 끼친다고 생각하는 특유의 심리가 큰 영향을 미쳤을 것으로 추측됩니다.

요약하자면 주말이나 공휴일, 황금연휴나 연말연시에는 푹 쉬는 것이 좋으며 그 외의 휴일은 스스로 정하는 것이 좋습니다. 타인이 정해 주는 휴가는 인생의 만족감과 행복감을 낮출 수밖에 없습니다. 장기 휴가의 계획은 반년에서 1년 전에 미리 세워 두고 업무 일정이 정해지기 전에 유급 휴가 날짜를 미리 설정하는 것이 효과적인 휴식법입니다.

당장은 쉽지 않을지도 모릅니다. 하지만 시대가 달라지고 있습니다. 남이 여러분의 휴식을 정해 주기 전에 꼭 스스로 정해 보기를 추천합니다. 관리직에 있는 사람이라면 앞으로는 휴일을 유연하게 사용할 수 있도록 일을 할당하는 데 더 주의를 기울일 필요가 있습니다.

쉬는 기술

타인이 정해 주는 휴가가 아니라 스스로 정한 휴가를 즐깁시다.

과한 책임감을
내려놓으세요

"유급 휴가를 쓰기 힘들어요."

"거의 쉴 수가 없어요."

일하는 방식이 다양해졌다고 하더라도 이런 고민은 당장에 뛰어넘기 어려운 벽일지 모릅니다. 이를테면 공공연하게는 아니더라도 '재택근무는 유급 휴가를 내고 일하는 것'이라고 생각하는 사람이 여전히 꽤 많지 않을까요?

근무 형태에 따라 분위기상 유급 휴가를 당당하게 신청하기 어려운 경우가 분명 있습니다. 출근하는 날보다 재택근무를 하는 날이 많은 경우에는 교대 근무의 균형을 맞추느라 연차를 쓰기 어려울지도 모릅니다. 하지만 이런 시대이기에 더더욱 유급 휴가가 중요하다고 생각합니다. 앞서 여러 번 강조했지만 탄력 근무나 재택근무를 하면 개인의 재량으로 시간을 사용할 수 있어 꼼꼼한 사람은 자칫 일을 계속하기 쉽습니다.

유급 휴가를 쓰는 것은 자신이 하기 나름입니다. 하지만 일단 휴가를 냈다면 공식적으로 일과 사생활을 확실히 분리시켜야 합니다.

쉬지 못하는 이유에 대한 반박

그런데 왜 유급 휴가를 쓰기 어려운 것일까요? 조금 오래된 이야기지만 2011년에 일본의 독립행정법인 노동정책연구에서 발표한 '연차 유급 휴가 사용에 관한 조사'에 따르면 직장인이 연차를 내기 힘들어하는 이유는 크게 다음과 같습니다.

인사 평가에 영향을 미치기 때문에 못 쉰다

과거에는 성실하게 통근하는 근성만으로도 좋은 평가를 받는 경향이 분명 있었습니다. 또한 오래된 사고방식을 가진 조직 중에는 '피곤하다고 쉬거나 도중에 포기하는 녀석들은 못 쓴다'거나 '힘들어도 고난을 극복해 내야 비로소 사회인으로 성장할 수 있다' 같은 근성론이 깊게 뿌리 내린 곳도 있을 것입니다. 내가 쉼으로써 다른 사람에게 폐를 끼치면 안 된다고 생각하는 사람도 적지 않습니다. 우울증 때문에 휴직하기를 꺼리는 사람이 대개 이런 말을 하지요.

이러한 심리 경향들은 일하는 방식이 점차 다양해지는 현대에서 어떻게 변화할까요? 예를 들어 '인사 평가에 영향을 미친다'는 항목은 재택근무자들에게는 허들이 낮아지지 않을까요?

또한 과거에는 출근해서 앉아 있기만 하고 일을 하지 않거나 업무를 질질 끄느라 늦게까지 일해서 잔업 수당을 축내는 사람들이 있었던 것도 사실입니다. 탄력 근무 제도나 재택근무, 재량 노동제 등이 늘고 있는 지금은 그 모순이 더욱 뚜렷해지고 있습니다.

업무량이 많아서 못 쉰다

업무량이 많거나 나를 대신할 사람이 없는 것은 내 문제가 아니라 조직의 문제입니다. 직원은 건강 상태가 안 좋을 때 회복에 힘쓸 의무가 있고, 회사는 설령 재택근무를 허용한다고 하더라도 직원이 건강을 유지하고 안전하게 일할 수 있는 환경을 제공할 의무가 있습니다. 앞서 말했듯이 재택근무를 하더라도 과중 노동이 발생할 수 있고, 오히려 업종에 따라서는 사무실에 출근할 때보다 일하는 시간이 더 길어질 수도 있다는 점에 주의를 기울여야 합니다.

상사에게 듣기 싫은 말을 들을까 봐 유급 휴가를 내지 않고 참는 사람도 있을 것입니다. 상사에게 핀잔을 듣기 쉬운 이유는 상사가 유급 휴가를 사용하는 것에 대해 중요하게 생각하지 않거나 본인이 제멋대로 휴가를 쓰기 때문일 것입니다. 듣기 싫은 말을 듣지 않기 위해서라도 평소에 자신이 맡은 바를 잘하는 것도 결국 중요합니다.

나를 대신할 사람이 없어서 못 쉰다

이와 비슷하게 '이 일은 나만 할 수 있어'라는 생각 때문에 유급 휴가를 쓰지 않는 사람도 있습니다. 그러나 이런 생각은 타인에게 인정받고 싶어 하거나 못난 모습을 보이지 않으려고 하며 인정 욕구가 강할 때 들기 쉽습니다.

사실은 쉬고 싶지만 괜히 이유를 만들어 내서 스스로를 납

득시키는 경우도 있습니다. 정신 분석에서 '합리화'라고 부르는 심리 방어 프로세스가 작용하는 것이죠. 이렇게 굳은 생각이나 일방적인 단정은 행복감과 만족감을 높일 수 없습니다.

반복해서 말하지만 일하는 방식이 다양해진 시대이기에 더더욱 유급 휴가를 통한 구분 짓기가 중요합니다. 예시가 적절한지 모르겠지만 극심한 우울증을 앓는 사람에게 휴직을 권하면 '다른 사람에게 폐를 끼치게 된다'거나 '이 일은 나만 할 수 있다'며 난색을 표할 때가 종종 있습니다. 그러나 휴식의 중요성을 이해하고 의사의 진단을 근거로 휴식을 취하면서 막상 마음이 편안해지는 경우를 종종 볼 수 있습니다. 자진해서 쉬지는 못하지만 의사의 진단이나 회사의 제도 때문에 공식적으로 휴가를 허가 및 보증받는다는 점이 심리적으로 크게 다가오기 때문입니다.

유급 휴가도 쓸 때까지는 신경이 많이 쓰이지만 막상 쓰면 회사에게 보증받은 휴가가 됩니다. '다른 사람들이 힘들겠다', '그건은 나밖에 모를 텐데' 같은 생각이 들지 몰라도 정당한 이유 없이 쉬는 것은 아닙니다. 오히려 주의가 산만한 상태에서 재택근무를 하느라 일을 질질 끌 바에는 유급 휴가를 써서 책상 앞을 떠나는 편이 나을 것입니다.

언제 생길지 모를 중요한 일을 위해 휴가를 아껴 두고 싶다

이 이유는 코로나 이후에 이해가 깊어졌을지 모릅니다. 예전에 '쉬지 않는 당신에게'라는 감기약 광고 문구가 유행한 적이 있습니다. 그러나 이제는 다들 컨디션이 안 좋으면 오히려 쉬는 것이 낫다고 생각하는 것 같습니다. 내가 아프거나 가족이 아플 때 혹은 관혼상제를 앞뒀을 때 휴가를 확보해 두지 않아도 유연하게 쉴 수 있는 구조는 반드시 사무실에 출근해야 하는 업종에서는 갖추기 힘들 수 있습니다. 그러나 그 외의 직종에 종사한다면 과거에 비해 조정하기 쉬울 것입니다.

쉬어도 딱히 할 일이 없어서 안 쉰다

이 문제의 해결책은 이 책의 다른 부분에서 힌트를 얻을 수 있을 것입니다. 특별히 할 일이 없는 시간, 즉 그 어떤 것에도 얽매이지 않는 시간은 사무실 근무자에게는 나를 위한 휴가이자 귀중한 충전의 시간이기도 합니다.

쉬는 기술

'나만 할 수 있는 일이야'라고 생각하는 사람일수록 꼭 유급 휴가를 사용합시다.

마땅히 할 일이 없는 시간이야말로
귀중한 충전의 시간입니다.
책임감을 내려놓고 나만을 위해 시간을 보내세요.

쉽게 지치지 않고
오래가는 방법

  스마트폰이 등장한 후로 한 번에 여러 가지 일을 수행해야 하는 상황이 늘어나고 있습니다. 멀티태스킹의 폐해는 수없이 많습니다. 정도가 심한 멀티태스커는 무관한 자극으로 인한 간섭을 받기 쉽고 실수가 잦은 데다가 작업의 능률도 좋지 않습니다.

  주의가 산만하면 뇌에 있는 '작업 기억(Working memory)', 즉 일시적으로 사물 혹은 사건을 기억하고 작업의 순서를 생각하는 능력이 저하됩니다. 영국 석세스대학교의 연구에 따르면 영상을 보면서 온라인 회의에 참석하거나 인터넷을 검색하는 등 컴퓨터나 태블릿, 스마트폰 같은 복수의 디바이스를 빈번하게 조작하면 신경 세포가 많이 채워져 있는 뇌의 '회백질'이라는 부분의 밀도가 낮아집니다.

혹시 일하는 중에 빈번하게 메일함과 SNS를 확인하나요? 그 전까지 하던 일의 흐름이 도중에 끊기고 처음부터 다시 몰입해야 하거나 집중력이 저하돼 에너지를 많이 낭비하게 됩니다. 효율적으로 일하기 위해 이것저것 동시에 진행하려고 할수록 오히려 쉽게 지쳐 버린다는 것입니다.

또한 멀티태스크는 뇌의 피로감을 유발하는 데서 그치지 않습니다. 어떤 일도 만족스럽게 끝내지 못하는 등 일의 정밀도에도 악영향을 미칩니다.

이 피로감에 대한 대책은 당연히 한 번에 여러 가지 일을 해내려고 하지 않는 것입니다. 뇌를 쉬게 해야 결과적으로 성과를 높일 수 있습니다.

•

내 삶을 돌보면서
나아가기 위해

일하는 방식의 변화, 디지털 전환 시대의 진행, 탄력 근무
제, 코로나19를 겪으며 갑자기 늘어난 재택근무. 우리의 일상
은 크게 달라지고 있고 앞으로도 달라질 것입니다. 시대가 급
속도로 흘러가는 와중에 스스로 자신의 휴식을 제어하는 것은
점점 큰 과제가 되고 있습니다.

2020년 4월 최초로 코로나19 긴급 사태가 선언된 후 일하는
방식이 점점 다양해졌습니다. 그에 따라 우리가 지치는 방식
도, 휴식의 용이성도 달라지고 있음을 의식하면서 지속 가능
한 '쉬는 기술'에 대해 다시 한 번 생각하고 정리한 것이 이 책

입니다.

최근 여러 가지 일을 계기로 다양성에 대한 관심이 높아지고 있습니다. 그래서 이 책에서 말하는 일의 방식과 쉬는 방식이 꼭 정답이라고 말하고 싶지는 않습니다. 지금 이 시점에 적절한 휴식법도 앞으로는 어떻게 달라질지 모릅니다. 어디까지나 쉬는 방식에 힌트를 제시한 것이며 여러분에게 잘 맞을 법한 인상적인 방법을 시도했으면 합니다.

몸의 피로는 물론, 조금씩 다가오며 우리를 괴롭히는 마음의 피로를 치유하기 위한 휴식법과 사고방식을 찾는 데 이 책을 힌트로 삼아 주신다면 그보다 기쁜 일은 없을 것입니다.

덜 지치고 더 빨리 회복하기 위한

쉬는 기술

인쇄일 2023년 11월 8일
발행일 2023년 11월 15일

지은이 니시다 마사키
옮긴이 김슬기
펴낸이 유경민 노종한
책임편집 함초원
기획편집 유노북스 이현정 함초원 조혜진 **유노라이프** 박지혜 구혜진 **유노책주** 김세민 이지윤
기획마케팅 1팀 우현권 이상운 **2팀** 정세림 유현재 정혜윤 김승혜
디자인 남다희 홍진기
기획관리 차은영
펴낸곳 유노콘텐츠그룹 주식회사
법인등록번호 110111-8138128
주소 서울시 마포구 월드컵로20길 5, 4층
전화 02-323-7763 **팩스** 02-323-7764 **이메일** info@uknowbooks.com

ISBN 979-11-92300-95-5 (03190)